Gustav Adolf Fricke

Darstellung und Kritik der Beweise für Gottes persönliches Dasein

Gustav Adolf Fricke

Darstellung und Kritik der Beweise für Gottes persönliches Dasein

ISBN/EAN: 9783743655782

Hergestellt in Europa, USA, Kanada, Australien, Japan

Cover: Foto ©Lupo / pixelio.de

Weitere Bücher finden Sie auf **www.hansebooks.com**

ZUR FEIER

DES

REFORMATIONSFESTES

UND DES

ÜBERGANGS DES RECTORATS

AUF

DR. ERNST WINDISCH

LADET HIERMIT EIN

DER RECTOR DER UNIVERSITÄT

DR. PAUL FLECHSIG

DURCH DEN

DESIGNIRTEN DECAN DER THEOLOGISCHEN FACULTÄT

D. GUSTAV ADOLF FRICKE.

DARSTELLUNG UND KRITIK DER BEWEISE FÜR GOTTES PERSÖNLICHES DASEIN.

LEIPZIG 1895.
DRUCK VON ALEXANDER EDELMANN,
UNIVERSITÄTSBUCHDRUCKER.

Am 31. October wird die Universität das Gedächtniss der Reformation durch einen Festgottesdienst in der Kirche zu St. Pauli feiern. Unmittelbar nach Beendigung desselben wird der Student der Theologie GERHARD SATLOW aus Krumhermersdorf im Beichtraum der Paulinerkirche eine kurze lateinische Rede halten über die Frage: *Quid Melanchthon in diversis locorum editionibus de praedestinatione docuerit.* Daran schliesst sich um 11½ Uhr die Feier des Rectoratswechsels in der Kirche zu St. Pauli, wobei der derzeitige Rector Dr. med. PAUL FLECHSIG, ordentlicher Professor der Medicin, über das Studienjahr 1894/95 Bericht erstatten und sodann das Rectorat seinem erwählten und bestätigten Nachfolger Dr. ph. ERNST WINDISCH, ordentlichem Professor des Sanskrit, feierlich übergeben wird.

Zu dieser doppelten Feier wird im Namen des Rectors durch das vorliegende Programm geziemend eingeladen.

Leipzig, den 15. October 1895.

Nihil magis praestandum est, quam ne pecorum ritu
sequamur antecedentium gregem, pergentes, non qua
eundum est, sed qua itur.

Seneca de vita beata, cap. 1.

Als die Verpflichtung an mich herantrat, als unerwartet
designirter Decan der theologischen Facultät das Universitäts-Programm
zu unserem Rectoratswechsel am 31. October d. J. zu schreiben, hatte
ich vor, so wie immer bisher bei gleichem Anlass, ein neutestament-
lich-exegetisches Thema zu nehmen. Die dahin einschlagenden Themata
lassen sich auf begrenztem Raum monographisch leichter behandeln
und zu einem relativen Abschlusse führen. So behandelte ich 1872
de mente dogmatica loci Paulini ad Rom. 5, 12. ff. (2. Abdruck Leipzig,
bei Hinrichs), eine Erörterung bezüglich deren ich nur bedauere, dass
meine Fassung des δικαίωμα V. 16 von der heilsthatsächlichen
„Rechtfertigung Christi durch seine Auferstehung", seinen vom Vater
ihm gegebenen Sieg über den Tod, dem von mir verehrten Herrn
Coll. B. Weiss „ganz unverständlich" geblieben ist; ich lege auf sie
und ihre Begründung für den Aufbau der Paulinischen Parallelisirung
nach wie vor Gewicht, und wegen des δι' ἑνὸς δικαιώματος des gleich
folgenden V. 18 ist sie einfach nothwendig. 1879 behandelte ich bei
der gleichen Gelegenheit die crux interpretum: „das exegetische
Problem Gal. 3, 20, in seiner organischen Genesis aus der Erörterung
des Ap. Paulus Gal. 3, 15—25 geprüft" (Leipzig, bei Alex. Edelmann).
Es handelte sich darum, den Versuch zu machen, in die mehr als
300 fach umstrittene Stelle einiges Licht zu bringen. Verstanden spricht
sie in der That den ganzen Paulus aus. Der uns so früh verstorbene
Prof. Vogel in Wien, dessen bekannter Auffassung von einer Mehr-
heit der Mittler, den Engeln, im Gegensatze gegen den Einen Mittler

1

Christus, noch Ritschel und viele Andere folgen, hat mir seiner Zeit
brieflich mitgetheilt, dass er der gegebenen Auffassung gegenüber die
seinige aufgebe, und zu meiner Freude hat Sieffert in seiner sorg-
fältigen Neubearbeitung des mit Recht weit verbreiteten Meyer'schen
Commentars zum Galaterbriefe die einmal ganz misslungene Auslegung
Meyer's beseitigt und mit der Meinigen, die der Hilgenf.'s am
nächsten steht, conform erklärt, — mit Ausnahme meiner Fassung
des ἐστί V. 20 als nicht „allgemeingültigen Satz", sondern als zurück-
blickend auf die heilsgeschichtliche Verheissung V. 16 aus der Genesis
dort, wo Gott allein, als εἷς, als der Verheissung und Segen (die
εὐλογία) Gewährende erscheint (Meyer-Sieffert, Commentar S. 186 Punkt 10
der 6. Aufl.). Ich halte auch dies entschieden aufrecht. Die ganze
Stelle Gal. 2, 15—20 ist nicht dogmatisch, und will an sich nicht
„allgemein Gültiges" aussprechen, sondern ist gemäss dem Pragmatis-
mus nur biblisch-theologisch, und nur von da aus zu verstehen. Das
Principielle liegt auch in den Schlussworten ὁ δὲ θεὸς εἷς ἐστίν, für
Paulus, und wie er voraussetzt, auch für die zu Gesetzes-Eiferern
gewordenen Galater darin nur, dass der νόμος, die Genesisstelle, von
beiden als Autorität anerkannt ist, also biblisch-historisch. Das ἐστί
statt ἤν ändert daran nichts. Paulus hat nach seiner geistvollen
Pragmatik hier im Geiste nur die Genesis-Stelle vor sich. Da ist Gott:
εἷς. Die Einwendungen des scharfsinnigen Holsten betreff. Gal. 3, 20
habe ich eingehender schon in meiner Schrift S. 5 A. 2 besprochen.
Vielleicht kommen wir doch allmälich in der nur scheinbar dunklen
Stelle zu einer gewissen Uebereinstimmung der Auslegung, — allerdings nur, wenn nicht, wie gewöhnlich, der relativ abschliessende und
episodische Vers 20 isolirt, sondern im Zusammenhange der ganzen
Auseinandersetzung ins Auge gefasst wird. Principiell bin ich auf
die Sache zurückgekommen 1887 in der Abhandlung: „Der paulin.
Grundbegriff der δικαιοσύνη θεοῦ erörtert auf Grund von Röm. 3, 21—25"
(Leipzig 1888, bei Georg Boehme). Wir sind, so viel ich sehe, in der
Bestimmung dieses fundamentalen Begriffs der evangelischen Kirche
seitdem nicht weiter gekommen. Die gedachte, besonnene und selbst-
ständige Abhandlung von Kölbing, Director des theolog. Seminars in
Gnadenfeld, über die δικαιοσύνη θεοῦ, Stud. und Krit. 1895 H. 1, wendet
sich (mit Recht) gegen die Fassung des δίκαιος ἐκ πίστεως von Christi
Glauben (Hausleiter) und folgt übrigens selbstständig, meist mir und

demnächst Otto, aber sie kommt mit der δικαιοσύνη θεοῦ doch wieder (mit Otto) auf eine Eigenschaft Gottes statt des von ihm „gerechtfertigten" Menschen hinaus, gegen das δίκαιος ἐκ πίστεως am Schlusse von V. 17 das jedenfalls auf den Menschen geht, nicht auf Gott. Das Neue aber, die eschatologische Beziehung der δικ., ist nur insofern nicht eingetragen, als die δικ. ϑ. das ganze Heil umfasst, also freilich auch das eschatologische. Speciell gedacht an Letzteres hat Paulus (etwa wie Röm. 3, 23. 5, 2) hier sicher nicht. Ich wollte die Gelegenheit zu diesen wenigen Bemerkungen nicht vorüberlassen.

Auch diesmal hatte ich zunächst ein exegetisches Thema ins Auge gefasst: den Begriff der „Todsünde", der ἁμαρτία πρὸς θάνατον, 1. Joh. 5, 16—21. Er wird von je in der katholischen Kirche gemissdeutet und auf Grund dessen in der Beichtpraxis folgenreich ausgebeutet. Die in der vox memorialis „Saligia" zusammengefassten sogenannten 7 Todsünden enthalten gerade die nicht, welche Johannes meint. Sie sind exegetische Willkür und ethische Verflachung. Aber auch in der evangelischen Wissenschaft ist m. E. der Begriff noch nicht erkannt und festgestellt. Es wird sich, wie ich glaube, nachweisen lassen, dass nach dem Zusammenhange der Stelle und des ganzen Briefes und nach dem Abschlusse 5, 21 mit den Worten: Τεκνία, φυλάξατε ἑαυτοὺς ἀπὸ τῶν εἰδώλων, gemeint ist nur die Sünde des „Rückfalls ins Heidenthum, trotz der Selbsterfahrung und der vom Geiste Gottes V. 10ᵃ versiegelten Gewissheit von Christo als dem Sohne Gottes und dem alleinigen Erlöser". Es ist die Parallele zu der „unvergebbaren Sünde" Hebr. 6, 4—8, wo der „Rückfall ins Judenthum", unter gleichen inneren Bedingungen, als diese Sünde gezeichnet wird. Sie ist der geistige Selbstmord, wie nur in anderer Wendung die Sünde „wider den heiligen Geist" Matth. 12, 32 und Parallelen. Den näheren Nachweis muss ich für eine andere Stelle mir vorbehalten.

Ich bleibe diesmal bei einem dogmatischen Thema stehen, und gedenke im Folgenden wenigstens die Grundzüge zu geben:

Von dem wissenschaftlichen Rechte und dem religiösen Werthe der Beweise für Gottes persönliches Dasein.

Wer die Lage der Zeit und auch der Wissenschaft kennt, wird die Wahl gerade dieses Themas begreifen. Es ist nicht bloss das

Fundamental-Thema der Dogmatik, sondern der Zeit; und obwohl wenige sich daran wagen, oder — das Unwissenschaftlichste — ohne Begründung als Skeptiker gegenüberstehen, wird es thatsächlich gerade jetzt von Allen bewegt. Es ist die Grundfrage nicht bloss der Theologie als Wissenschaft, sondern der Religion und Kirche selbst, und wie sich zeigen wird, auch der Sittlichkeit, also unserer geistigen Existenz. Bleibt sie unsicher, so bleibt alles Uebrige unsicher. Schon vor vielen Jahren habe ich aus tiefstem, religiösem und persönlichem Interesse heraus die Frage behandelt in meinen Habilitations-Schriften: Nova argumentorum pro dei existentia expositio, P. 1 et 1l (1846, Leipzig, Weidmann'sche Buchhandlung). Die beiden Schriftchen sind längst vergriffen, und wie mir oft versichert worden ist, kaum antiquarisch noch aufzutreiben. Die Arbeit des jungen Mannes ist natürlich in manchen Beziehungen noch unreif, auch unvollständig, und Lateinisches mit Frucht zu lesen, namentlich über speculative Fragen, ist leider jetzt nicht mehr Jedermanns Sache. Den wiederholt und auch jüngst wieder auf der Meissner Conferenz an mich herangetretenen Wünschen eines Neudruckes oder einer Neubearbeitung zu genügen, hat mir bisher die Zeit gefehlt. Sie mögen jetzt die nachfolgenden Grundzüge als ihre Befriedigung ansehen. Ausserdem wünsche ich für mich selbst mit der Sache einen Abschluss zu machen. Die ungemein reiche, populäre und wissenschaftliche Litteratur werde ich nur insoweit berücksichtigen, als sie sachlichen Austrag giebt. Die Schriften von Schulz 1880, Braig 1888 und Meltzer 1895 haben mir leider nicht zur Verfügung gestanden.

I.

Es gilt hier im Vorwege drei Einwände zu beseitigen, welche eine wissenschaftliche Behandlung der Frage abzuschneiden suchen. Von je und immer wieder wird geleugnet, dass eine speculativ-dogmatische, also wissenschaftliche Begründung der Gewissheit des persönlichen, weltverschiedenen Gottes erst nothwendig, dass sie möglich, und endlich, dass sie den Zweiflern gegenüber wirksam sei.

1.

Die Leugnung der Nothwendigkeit und Pflicht ihres Versuches ist praktisch und theoretisch eine der grössten Sonderbarkeiten auf dem Gebiete der Erkenntniss-Aufgaben. Sie erklärt sich nur theils aus Unaufmerksamkeit auf unsere Lage, gerade gegenwärtig, theils aus dem Mangel an idealer, speculativ schöpferischer Spannkraft, der in dieser durchaus realistisch gerichteten Zeit eingetreten ist. Sie musste eintreten gegenüber dem einseitig überspannten Apriorismus und „Idealismus" am Anfange dieses Jahrhunderts, der aber abgelöst werden muss und laut der Geschichte auch abgelöst werden wird, von einem idealen Realismus, wenn wir nicht in atomistischer Aeusserlichkeit, in rohem Materialismus und Hylozoismus theoretisch und praktisch untergehen sollen. Sie erklärt sich ferner aus einem Traditionalismus äusserer Autorität, der in dem einst wirklich von Geist gebauten Hause sich sicher fühlt. Es ist alt geworden, seine Grundlagen selbst sind erschüttert, es brennt ringsum. Es erklärt sich endlich aus einer naiven, unwissenschaftlich gerichteten Frömmigkeit, welche entweder wie der zuletzt· erwähnte Traditionalismus auf eine äussere geschichtliche Autorität sich beruft und kritiklos bei der Katechismuserziehung stehen bleibt, oder — im tieferen Falle — sich auf das sogenannte „unmittelbare Bewusstsein" von Gott beruft. Die Letzteren, oft ernste und tiefe Naturen, werden wir gewiss nicht stören wollen. Ist ihre naive Religiosität in Wahrheit Gemüths-Frömmigkeit und Erfahrung, so sind sie vielmehr der frische Brunnen-quell, aus welchem auch alle lebendige Theologie zu schöpfen hat. Ohne innere Erfahrung von der Religion ist kein wissenschaftliches Denken über sie möglich. Solche nur naiv fromme Naturen be-dürfen der wissenschaftlichen Vermittelung noch nicht, und nach ihrer Persönlichkeit vielleicht überhaupt nicht. Aber bei anders gearteten Naturen und im Kampfe der Meinungen in der Welt ist es eben anders. Es hat keine Zeit gegeben, in welcher der Atheismus, prak-tisch und theoretisch, so weit verbreitet war, namentlich, obwohl keineswegs allein, unter den sogenannten Gebildeten der romanischen katholischen Länder (Frankreich, Italien, auch Oesterreich) und in deren Grossstädten, und einschliesslich der mit Recht jetzt so einfluss-reichen sogen. exacten (realen) Wissenschaften. Die Besonneneren und Vorsichtigeren unter diesen Zweiflern halten sich zwar zurück, sie sagen sich, wie Darwin, als er den Namen „Gott" aus seinem Hauptwerke strich, dass sie wissenschaftlich nach der ganzen Vorbildung und Arbeit ihres Lebens von diesen höchsten idealen

Fragen nichts verstehen, und dass hier wissenschaftlich mit Entscheidungen eingreifen zu wollen, ebenso anmassend und unfruchtbar wäre, wie wenn der naturwissenschaftlich nicht Geschulte in centrale und specielle Fragen der Naturwissenschaften massgebend einzugreifen versuchen wollte. Aber obwohl die schlimmste Periode eines keck zufahrenden Dilettantismus vorüber zu sein scheint, und nur negativ gerichtete Kritik jetzt mehr innerhalb der einzelnen Wissenschaften selbst auf Zeit noch Orgien feiert: die höher Gerichteten unter den Gebildeten fordern doch mit Recht von den Theologen und Religionsphilosophen als den hier Sachverständigen ihre Ergänzung und Aufklärung, und vor Allem rücksichtlich der Gottesfrage. Bedenklicher noch als diese Lage ist die Thatsache, dass zu keiner Zeit der Gottesglaube und damit die Religion in weiten Kreisen der breiten Volksmassen so tief entwurzelt war und entwurzelt wird als gegenwärtig. Durch eine rastlose, zum Theil auf den rohesten Egoismus aufgebaute Agitation wird den wehrlosen Massen der Atheismus als die allein mögliche „Religion" gepredigt. Der Satz: „Religion ist Privatsache" hat ehrlich gesprochen keinen anderen Sinn. Es wiederholt und variirt sich täglich und tausendfach das Wort Bebel's schon vor Jahrzehnten: „Erst mit dem letzten Theisten (d. h. Gottesgläubigen) wird auch der letzte Sclave frei werden. Die Zukunft gehört den Atheisten! Nur in ihnen ist das Ziel der Menschheit gelegen, die ihre guten Rechte so lange für einen Wahn verschachert hat", für den „Wahn" des Glaubens, dass ein Gott sei. Für den Kundigen hat diese rhetorisch aufgebauschte Phrase nichts Besonderes. Abgesehen von dem französischen Materialismus Mitte des 18. Jahrhunderts, aus dem neben vielem Anderen die französische Revolution hervorging, schöpft die Führung dieser ganzen Agitation ihre Gedanken ausgesprochener Massen aus dem Anthropologismus von L. Feuerbach, dessen positiver Gedanke — die einseitig versubjectivirte Innerlichkeit des abstracten Ideales — verroht wird zu Frauenstädtischem oder Mainländerischem Pessimismus und Atheismus. In jedem gesellschaftlichen Bezuge feiert der Dilettantismus in den Massen jetzt gefährliche Orgien. Blind müsste der sein, welcher die ungeheuere praktische Wirkung dieser Agitation nicht sieht, und die Nothwendigkeit nicht erkennt, dass die Vertreter des Idealen und der gesammten geordneten Gesellschaft (Geistliche, Lehrer und überhaupt Gebildete) wissenschaftlich geschärftere Waffen als bisher in ihrer Hand haben müssen. Mit blossen Gegenversicherungen, Bibelstellen etc. ist hier gar nichts gethan. Das habe ich im Pfarramte seiner Zeit hundertfach erprobt. Ebenso den tiefen Eindruck, wenn diese Irregeführten merkten, dass wir doch recht gute Gründe für unseren Glauben haben, auch wenn sie die Gründe aus Bildungs-Mangel nicht verstehen. Sie fühlen doch diese Gründe und die Bedeutung der Sache. Erst die völlige, innere und wissenschaftliche Klarheit über das Problem macht fähig, den Atheismus seiner Hohlheit zu überführen und ihn auch praktisch aus dem Felde zu schlagen. Da er eben Dilettantismus ist, so fürchtet er sich stets, Gründe zu finden.

Zu diesem praktischen Momente kommt aber das theoretische. Es steht gar nicht frei, Zweifel über Gottes persönliches Dasein zu haben oder nicht. Sie kommen bei den tiefer angelegten Menschen von selbst, und müssen durch Selbstarbeit entweder anerkannt oder überwunden werden. Ja da es hier um das Höchste sich handelt, in welches alles Uebrige erst seine Wurzeln einschlägt: so ist ein religiös und wissenschaftlich durchgebildeter Mensch nur der, der diese Frage durchgearbeitet und bewältigt hat. So lange das religiöse Denken des Menschen dauert, sind in dieser oder jener Form und, wie sich zeigen wird, in aufsteigender, nur unvollendeter Linie, die sog. „Beweise für Gottes Dasein" in Arbeit gewesen. Sie waren Bestandtheile der Dogmatik als grundlegende Sicherung und Zusammenfassung des religiösen Centralgedankens. Erst der besonnene, aber völlig unspeculative Reinhard hat sie „Dogmatik" §. 30 ausgeschieden, „weil die christliche Religion das Dasein des persönlichen Gottes als entschieden voraussetzt," — als ob dies für die christliche Wissenschaft massgebend sein könne, — übrigens unterlässt auch er eine kurze, freilich äusserst dürftige Skizzirung derselben zu geben keineswegs. Ebenso will Thomasius, „Christi Person und Werk" I. §. 7 A. diese Argumente aus der Dogmatik ausgeschieden wissen, dieser aber darum, „weil der Christ in Christo dem Sohn, Gott den Vater hat". Ebenso Frank, I. 106 f. Dies geht tiefer. Dass es aber sich im Kreise dreht, und für die christliche Wissenschaft unzutreffend ist, darauf wird unten zurückzukommen sein. — Friedrich Nitzsch „evangelische Dogmatik" (1892) behandelt die „Beweise" §. 14 als

„Anhang" mit gewohnter Besonnenheit, Dorner „christliche Glaubenslehre" I. § 17—19 eingehend und mit gewohnter Gründlichkeit.
Darauf muss bei den Einzelbeweisen zurückgekommen werden.
Wichtiger ist, dass auch Schleiermacher, der grösste speculative
Theolog dieses Jahrhunderts, „der christliche Glaube" §. 33 sehr
energisch diese „Beweise" aus der christlichen Dogmatik ausgeschlossen
wissen will mit der Motivirung: „Die Anerkennung, dass das schlecht-
hinnige Abhängigkeitsgefühl von Gott — nicht etwas zufälliges ist
noch auch etwas persönlich verschiedenes, sondern ein allgemeines
Lebenselement, ersetzt für die Glaubenslehre vollständig alle sogenannten Beweise für das Dasein Gottes." Allein Schleiermacher ist
nie zur vollen Energie auch nur der Frage des persönlichen Gottesgedankens hindurchgedrungen, und ausserdem giebt es gar kein
„absolutes Abhängigkeitsgefühl," auch Gott gegenüber nicht. Wir
fühlen uns immer relativ frei, insbesondere durch Gott auch gegenüber Gott selbst. Es kann also auch nicht aus diesem nicht einmal
realen Begriffe etwas geschlossen werden. Im Hintergrunde steht
der spinozistische, nicht christliche Correlat-Begriff Gottes als absoluter
Causalität. Sie macht freilich nichts anderes als „absolute Abhängigkeit" neben sich möglich. So leicht gewinnen wir die wissenschaftliche
Gewissheit von Gottes persönlichem, vom religiösen Subjecte verschiedenen Dasein nicht! Charakteristisch schliesst deshalb auch die
Erörterung bei Schleiermacher mit den Worten ab: „Die Glaubenslehre hat es eben so wenig mit dem objectiven Bewusstsein zu thun,
als die reine Wissenschaft mit dem subjectiven." Diese Confrontirung
„der Glaubenslehre und der reinen Wissenschaft" als bloss Subjectives
und als Objectives wird sich uns demnächst als das $\pi\varrho\tilde{\omega}\tau o\nu$ $\psi\varepsilon\tilde{\upsilon}\delta o\varsigma$
der ganzen Anfassung ergeben. Sie ist sehr weit verbreitet, auch
wieder in den anregenden Schriften von Baumann: „Die Grundlage
der Religion" 1895 und kurz vorher derselbe: „Die grundlegenden
Thatsachen zu einer wissenschaftlichen Welt- und Lebensansicht."
Sie wird uns noch wiederholt begegnen. Ihr Bestreben, das Ideale
an die scheinbaren oder wirklichen Ergebnisse der realen Wissenschaften anzuschliessen, ist nur zu billigen.

Wir werden daher Ulrici zustimmen müssen, wenn er seine noch
immer werthvolle Schrift: „Gott und die Natur" (3. Aufl. 1875) mit
den Worten beginnt: „Die Beweise für das Dasein Gottes fallen in

Eins zusammen mit den Gründen für den Glauben an Gott: sie sind zusammen eben nur die wissenschaftlich festgestellten objectiven Gründe dieses Glaubens. — Die moderne Theologie, die so bereitwillig die Beweise für das Dasein Gottes aufgiebt, giebt dadurch nicht nur sich selbst als Wissenschaft auf, sondern vernichtet auch im Grunde den Glauben und die Religion, deren Theologie sie ist." (Aehnlich Pfleiderer, Religionsphilosophie 1878. S. 384 ff. in seiner gewiegten Erörterung der ganzen Frage.) — Mit Ausnahme der Schlussworte ist dies vollkommen zutreffend. Kann die Theologie bezüglich ihres Grund- und Lebensbegriffes nicht einmal das Dasein beweisen, so quittirt sie als Wissenschaft. „Geheimniss" bleibt (wie bei den Grundbegriffen jeder Wissenschaft) genug übrig. Die Berufung auf das „unmittelbare", wohl gar „angeborne" Bewusstsein von der Wirklichkeit des persönlichen Gottes ist eine Erschleichung, eine falsch interpretirte Nachwirkung der populären Erziehung und des täglichen Cultuslebens. Der Haufen von Atheisten, und nicht bloss von verführten Volksmassen und dilettantisirenden, religiös und sittlich mehr oder weniger ausgebrannten „Gebildeten", den massenhaften Voltairianern, sondern auch von ernsten, mit hoher wissenschaftlicher Begabung und zarter Aufmerksamkeit auf die Dinge und sich selbst ausgerüsteten Männern, weiss nichts von diesem angeblich „unmittelbaren Bewusstsein" über den persönlichen Gott, so Spinoza, Kant, Fichte, Hegel etc., von Strauss, Feuerbach, Schopenhauer, Nietzsche gar nicht zu reden. Es giebt keine „angebornen Begriffe", sondern nur Vorstellungen, die mit innerer Nothwendigkeit aus der Wechselwirkung des Geistes mit der umgebenden Natur und Geschichte und aus der eigenen inneren Erfahrung hervorgehen, und diese sind auch für die Wissenschaft von der denkbar höchsten Bedeutung. Dazu gehören in der That Religion und der Gottes- wie Welt-Gedanke in irgend welcher Form. Aber gewöhnlich verwechselt man den Gottes-Gedanken überhaupt mit dem des persönlichen Gottes. Dieser ist, wenn von Wissenschaft die Rede sein soll, dem „unmittelbaren Bewusstsein" nur eingetragen. Auch der sog. consensus populorum hebt dies nicht auf, ganz abgesehen von der historischen Frage der wirklichen Allgemeinheit im Ganzen und im Einzelnen. Ich bejahe sie, die Religion und darum der Gottesgedanke sind Naturgesetze des Geistes, sie sind Thatsachen, wie irgendwelche andere, sie treten mit Nothwendigkeit überall, wo Geister sind, in Erscheinung, ihre Leugnung hat sich noch immer bei genauerer Kenntniss culturgeschichtlich als irrig ergeben. Es giebt kein Volk und keinen Menschen ohne Religion, ohne Gott, so nachdrücklich von den Betreffenden das Gegentheil versichert werde. Auch das Moment des persönlichen Gottes, ist bewusster unbewusster, überall ohne Ausnahme eingewoben. Es ist dies eine auch wissenschaftlich bedeutsame Weissagung auf vollere Erkenntniss. Aber die kindliche Phantasie der Völker und der Einzelnen verpersönlicht Alles, zunächst weil sie selbst Personen sind, vielleicht — was aber erst zu erweisen ist, — mit sachlichem Rechte. Es bleibt allerdings die Möglichkeit, dass die Poesie des Gemüthes in jenem consensus populorum, wie so oft, schliesslich auch metaphysisch Recht hat gegen die Hypothese der nur mechanischen Weltanschauung. Aber wissenschaftlich schlägt das nicht durch. Es dient nur und fruchtbar, den Experimenten einer isolirenden und geistentleerten Naturbehandlung entgegenzutreten, während in der Natur selbst nichts isolirt und nichts geistlos ist. Dr. Baumann l. c. p. 71 ist sogar (mit vielen Anderen) dahin gekommen zu behaupten. „dass das Quantitative das Wesentliche in der Welt ist, und Ursache und Wirkung uns nur in der Regelmässigkeit der Folge und der quantitativen Abhängigkeit des b und a gegeben ist." Ungefähr das Gegentheil wird das Richtige sein: es giebt kein qualitätsloses Element in der Natur, Qualität ist ihr Wesen, und die Quantität nur die todte Abstraction aus Qualität, welche sie schafft und bestimmt. In der Natur ist nichts todt, alles lebendig, von der Qualität bestimmte Selbstthätigkeit, und vielleicht, — wir werden es untersuchen — wie jene naive Weltanschauung will, Alles, nur recht verstanden, persönlich. Ist die Natur der Leib des lebendigen Gottes — und es wird wohl so sein — und ist dieser lebendige, alles Leben bestimmende Gott selber persönlich, so wird wohl die Folge sein, dass es in der Welt nichts Unpersönliches giebt, und die todte sogenannte „Natur" nur ein abstractes Phantasiebild unserer Reflexion ist, ohne Wirklichkeit. Der gewöhnlichste Pantheismus oder richtiger (mit Krause) Panentheismus hat eine lebendigere Weltanschauung als dieser entgottete Mechanismus der „Kräfte." Aber mag hier jener die ganze Mythologie durchdringende Consensus des Vitalismus thatsächlich im Vorsprung sein: bewiesen hat er nichts, und kann nichts beweisen, am allerwenigsten den persönlichen Gott als die Urkraft dieses Lebens [1].

„Unnöthig" würde aber allerdings alle Beweisführung sein, wenn sie, wie bei der Flucht vor Problemen, „Metaphysik" genannt, jetzt oft, erledigt werden soll durch die Berufung auf die äussere Autorität Jesu Christi und überhaupt auf die Schrift. Es kann kein Zweifel sein, dass die Schrift gemäss der Lage ihrer Zeit die Existenz Gottes und zwar des persönlichen, einfach voraussetzt. In den Kreisen, für welche sie zunächst bestimmt war, zweifelte theoretisch Niemand an ihr. Die einzige Stelle, welche scheinbar eine Ausnahme macht — Ps. 14. 53 gehören gar nicht hierher — Hebr. 11, 6 πιστεῦσαι δεῖ τὸν προςερχόμενον τῷ θεῷ, ὅτι ἔστι καὶ τοῖς ἐκζητοῦσιν αὐτὸν μισθαποδότης γίνεται, ist praktisch, nicht theoretisch, und dass Paulus nicht bloss Gott sondern den persönlichen Gott in der That auch dialectisch durch das Princip seiner πίστις und seinen Gegensatz zum todten νόμος erweist, kann erst unten aus seiner Hülle hervorgeholt werden. Paulus ist zwar der erste christliche „Theolog", aber auch sein nächstes Ziel ist soteriologisch, nicht theologisch. Die Leser seiner Briefe bedurften dessen noch nicht. Und die überall heilspraktisch gerichtete Schrift ist Religion, nicht Theologie, und ist dies insbesondere noch nicht in der Form der Dogmatik. Denn allerdings: ächte Dogmatik ist als die speculative Heilswissenschaft in ihrer Substanz gleichfalls Religion, nicht blosse Theorie. Aber sie wächst dem Christenthume erst allmälig zu. Und dass Christus das Dasein und die Persönlichkeit Gottes des Vaters glaubte, lehrte und bezeugte, lehrt schon allein seine innige Gebetsgemein-

---

1) Nur innerhalb dieser Schranke kann Karl Im. Nitzsch „System der christlichen Lehre" 5. A. S. 13. A.** die unleugbar grosse Bedeutung von Crusius, Jacobi, Fries, Clodius u. A. für die Erfassung der Innerlichkeit der Religion und des Gottesgedankens hervorheben. Der ganze von Ritschel unterwerthete Pietismus gehört hieher. Dialectisch sind sie belanglos. Schleiermacher gehört nach den oben bemerkten nur praktisch hieher. Sein unsterbliches Verdienst ist die fides quae credit, statt der fides creditur wieder hervorgekehrt und für sie Christum wieder ins Centrum gestellt zu haben. Dialectisch dagegen weist seine „Dialectik" Gott als das einzige und absolute Agens auf. Damit ist consequent die Freiheit der eigenen schöpferischen Innerlichkeit nicht in Einklang zu bringen. Eher gehört hieher Schelling mit seiner „intellectualen Anschauung." Sie führt aber für sich allein zur unwissenschaftlichen Willkür der Romantik. Das hat die Geschichte aller Zeiten gelehrt.

2*

schaft mit Ihm bei Tag und Nacht, in lichten und dunklen Zeiten. Jesus Christus bezeugt es, und an der unvergleichlichen Herrlichkeit seines Lebens in Gott erfahren wir es, dass Gott ist, und zwar persönlich. Was brauchen wir, so sagen sie deshalb, da noch weiter des Zeugnisses und Beweises? — Das ist die Stellung des frommen Ritschelianismus, er lenkt damit — wider Willen — zurück in die Bahn des ächten Pietismus und der gesunden Mystik, ohne welche „Religion" niemals war und nicht sein kann. Mit Recht und mir tief sympathisch hebt Baumann l. c. S. 66 die Sinnigkeit und Innigkeit hervor, mit welcher Prof. Herrmann in Marburg diesen Standpunkt vertritt: „Das wirkliche Erlebniss des Glaubens ist die Unterwerfung des Menschen unter eine Thatsache, die sich ihnen aufdrängt und deren erlösende Macht er erleidet. Weil uns die Person Jesu eine solche Thatsache werden kann, deshalb kann Jesus unser Erlöser werden." Damit ist eine Ausgleichung äusserer Thatsächlichkeit und Auctorität und innerer Selbstentscheidung allerdings gegeben, aber das Geheimniss der Erfahrung gerade an dieser „thatsächlichen Persönlichkeit" ist damit nicht enthüllt. Das ganze christologische Problem liegt dahinter; die Frage, woher und was ist diese unvergleichliche geschichtliche Persönlichkeit? Andernfalls bleibt die ganze Thesis unvollständig, sie ist nicht zu Ende gedacht, blosse Behauptung, sie bleibt bloss „individuell subjectiv" (Baumann), und das duldet die wahre Wissenschaft nicht, am allerwenigsten in ihren centralen Fragen. Ist nicht die principielle, die christologische Frage, der ewige Hintergrund dieses einzigen und ewigen „Erlösers" ans Licht gezogen (und das ist wissenschaftlich unmöglich, wenn nicht die Gottesfrage, die Frage des Vaters, von dem der Sohn ist, zuvor gelöst wurde), — so schwebt das Ganze als blosse individuelle und unerklärte Erfahrung in der Luft. Andere stellen eine andere „Erfahrung" entgegen, und hundert kritische Bedenken bezüglich der geschichtlichen Ueberlieferung von Jesu Person werden ihr einflussreiches Recht behalten. Eine individuelle, noch dazu unerklärte Erfahrung kann nie eine absolute Gewissheit begründen, sie bleibt, wenn auch noch so innig und tief, ein wissenschaftlicher Torso, und das zuletzt nicht bloss wissenschaftlich.

Aber dies ist nicht das höchste Bedenken. Die ganze Auffassung bindet sich unevangelisch an eine äussere Auctorität, an die umstrittene Auctorität des umstrittenen Lebens Jesu, allerdings, wie selbstverständ-

lich, einschliesslich der Erfahrung seiner sittlich-religiösen Herrlichkeit.
Sie muss dann kritisch je nach Bedürfniss zurecht gelegt werden
und wird zurecht gelegt, und der wiederholt angeführte Baumann
zeigt (S. 67 ff.) wieder, dass dann nicht bloss Untergeordnetes, sondern
das Wesen der Lehre und der Person Christi, und damit das Christenthum eliminirt werden kann.[1]) Das göttliche Geheimniss der Person
Christi ist eben nicht erkannt, und bei aller Freiheit der Untersuchung, nicht Leitstern geblieben; ein nicht christlicher Gottes-
Begriff ist zu Grunde gelegt. Auf ihn kommt zuletzt Alles an. Wenn
irgend Jemandem ist mir bei meiner dogmatisch durchgearbeiteten
Ueberzeugung von Christo dem ewigen Sohne des ewigen Vaters, der
persönliche Gott gewiss, schon von dem Zeugnisse Christi aus. Aber
ich bin mir bewusst, dass ich diese Ueberzeugung vom Sohne principiell
vom Vater aus erst gewonnen habe. „Es kommt Niemand zum
Vater ausser durch den Sohn", gewiss! aber wissenschaftlich gilt ebenso:
Es kommt Niemand zum Sohne ausser durch den begriffenen und
ergriffenen Vater, der die ewige Wurzel dieses ewigen Sohnes ist. Hier
liegt der Schlüssel zu seiner historischen Erscheinung. Und ebenso
wenig wie voll und ganz der Sohn allein aus dem Anschauen und
Erfahren an der moralischen und überhaupt idealen Herrlichkeit und
Einzigkeit (als des μονογενής) in der ganzen Tiefe seines göttlichen Ge-
heimnisses und seiner Wirklichkeit begriffen werden kann, ebenso wenig
aus dem Buchstaben der Schrift, die ja — an sich unschätzbar und
absolut unentbehrlich — dem wissenschaftlich unvermittelt hin-
genommenen Wunder der Erscheinung dieser Persönlichkeit zu Grunde
liegt. Man braucht gar nicht den von theologischer Seite sehr der
Sichtung bedürftigen Einwendungen bei Baumann l. c. Abth. 2 u. 4
gegen das innere Zeugniss für Eine Religion zu viel Gewicht beizu-

—

1) Nach seiner ganzen Art würde Baumann in den vielen Punkten, an denen
er nicht bloss das Christenthum, sondern Christum selbst beanstandet, mit Erfolg
vielleicht sich orientiren wollen an der sinnigen und dabei freien Exegese von
Dr. Haupt in Halle, namentlich an seinen letzten Gaben: über die Eschatologie
Christi und über das Abendmahl. — Der historische Christus kann nicht verstanden
werden ohne das christologische Fundament. — Auch Prof. Menegoz's Schrift „über
das Wunder", jetzt auch deutsch vorliegend und viel umstritten, würde ihm
vielleicht Anlass zu ähnlicher, fruchtbarer Auseinandersetzung mit einem Theologen
geben, wie es seine Auseinandersetzung mit Harnack ist l. c. S. 33—41.

legen, und auf die Menge der noch ungelösten und vielleicht für alle
Zeiten unlösbaren kritischen Probleme des Schriftzeugnisses hin-
zuweisen, welche Prof. Ewald in Erlangen (über das Verhältniss der
systematischen Theologie zur Schriftwissenschaft, Erlangen u. Leipzig
1895, S. 26—52) behufs Bestreitung der (übrigens kaum noch von
jemand vertheidigten) mechanischen Inspiration und der falschen
Verwendung des testimonium spir. s. internum, wieder einmal und
meist zutreffend, zusammengestellt hat. Man wird aber mit Letzterem
immer wieder zu der Ueberzeugung kommen, dass auch die wissenschaftliche Geschichte und Exegese der systematischen Wissenschaft als ihrer Ergänzung und abschliessenden Leitung nicht entbehren können.[1] „Eine geistige Wahrheit kann nun einmal aus
einer äusseren Thatsache nicht erwiesen werden“, sie fordert immer
eine Begründung aus der Sache, und diese ist der Nerv. Denn die
Wissenschaft ist ihrem Begriffe nach frei, und soweit sie Wissenschaft
ist, schlechthin unabhängig von jeder äusseren Auctorität, wenn sie
nicht selber deren Berechtigung mit inneren Gründen, also wissenschaftlich erwiesen hat. Die gehen somit voran. Dabei bleibt nicht
bloss unbenommen, sondern wird vorausgesetzt, dass der Forschende
auch alle äusseren Elemente des Wissens und der Bildung besitzt,
die für die betreffende Sache in Betracht kommen können. Der
christliche Forscher trägt Christum und die ganze Offenbarung der
Schrift in sich; er weiss es, dass er weder Gott, noch irgend ein
Göttliches, begreifen und lichten könnte in Gemässheit der jedesmaligen Cultur-Aufgabe, wenn er nicht Christum und die gesammte
Offenbarung nebst der Erfahrung an ihr in sich trüge. Aber für die
Wissenschaft ist Handhabung und Resultat dann frei, nur die Sache, das
Ergebniss, die Wahrheit ist massgebend. Wir können uns nicht durch
irgendwelche äussere Auctorität erst sagen lassen, dass Gott ist:
wir müssen ihn selber finden, und Weg und Ergebniss begründen.
Es wäre ein Armuthszeugniss für das Christenthum selbst, wenn es

1) Der richtige Gedanke ist m. E. nur nicht muthig und consequent genug
bei Ewald durchgeführt. Exegese (Geschichte) und Systematik verhalten sich nicht
wie Material-Lieferung und Form-Gebung oder klare Zusammenfassung (S.26 etc.).
Form und Inhalt können nie auseinander gerissen werden. Der Letztere bestimmt
die Erstere; wer keinen eigenen Inhalt hat, hat auch keine Form. Die systemat.
Wissenschaft muss von Innen bauen. E. verweist mit Recht auch auf Schnedermann.

das Höchste, den grundlegenden Gottesgedanken und die Wissenschaft über ihn, nicht begründen könnte. Es wäre das ein Kleinglaube und eine Veräusserlichung, deren Schwäche mit der Grösse der Erlösung und der Erleuchtung in Christo nicht stimmen würde. Die systematische Wissenschaft muss nun einmal als solche auf ihren eigenen Principien ruhen, oder sie hört auf „Wissenschaft" zu sein. Sie wird im vorliegenden Falle dann blosse Symbolik und biblische Theologie, nicht einmal die „Dogmatik" R. Rothes (und Alex. Schweizers) als „kritische Symbolik" bleibt übrig. Denn ehe man „Kritik" üben kann, muss man eine eigene Ueberzeugung und eigene Principien haben. Auch „Apologetik" oder gar „Polemik" vor der Dogmatik ist verkehrt. Diese ist „normative" Wissenschaft, wohin mein verehrter Herr College Heinrici, Encycl. S. 14, sie mit Recht einordnet, sie muss also auf sich selber ruhen. Dabei bleibt die sytematische Heils-Wissenschaft, die Dogmatik, neben der Philosophie als Erkenntniss-Wissenschaft der Principien des Seins inductive und reale Wissenschaft. Die Naturwissenschaften irren, wenn sie dies allein für sich in Anspruch nehmen. Alle ächte Wissenschaft ruht auf Erfahrung. Aber es giebt nicht bloss äussere (experimentelle) Erfahrung und Evolution, sondern ebenso innere; und Letztere ist sogar sicherer als Erstere, weil sie zwar verwickelter ist, aber sich selber unmittelbar besitzt. Sie beruht auf einer Natur-Thatsache, wie alle anderen. Sogar die Existenz der „Natur" draussen kann die Naturwissenschaft nicht beweisen ohne sie. Bei richtiger Methode giebt es überhaupt nur Erfahrungs-Wissenschaft, und sie darf und muss den Muth haben, aus den inneren und äusseren Erfahrungen, die Gottes naturgesetzliche Manifestationen sind, auch das Dasein des persönlichen Gottes zu erweisen. Wissenschaftlich und praktisch bewendet es daher bei den Worten Pauli Phil. 4, 13: πάντα ἰσχύω ἐν τῷ ἐνδυναμοῦντί με, und bei dem nicht minder kühnen Worte des herrlichen Mannes 1. Cor. 2, 10: Τὸ πνεῦμα πάντα ἐρευνᾷ καὶ τὰ βάθη τοῦ θεοῦ, die „Tiefen" der Gottheit, und nicht bloss das Dasein, 1. Cor. 8, 2. 3. Col. 2, 3.

2.

Damit ist im Wesen auch die zweite Vorfrage erledigt: „Sind überhaupt Beweise für das Dasein des persönlichen Gottes möglich?" Die fast trivial gewordene Phrase von der „Unerkennbarkeit" und deshalb „Unfindbarkeit" Gottes ist a limine auszuschliessen. Was sollte die Religion und das Leben mit dem „unerkennbaren und unfindbaren" Gotte anfangen? Er ist in der Theorie — und immer nur in ihr — entstanden aus dem platonischen und namentlich neuplatonischen ὑπερούσιον, welches schon von den alexandrinischen Kirchenvätern und dem unüberwundenen Gnosticismus an, die Wissenschaft des Mittelalters und eines guten Theiles auch der Neuzeit verwüstet. Es ist das eine hohle, den Inhalt des lebendigen Gottes entleerende Abstraction; in dieser Zeit der „Realitäten" sollte von ihr nicht mehr die Rede sein. Diese inhaltlose Abstraction macht allerdings Gott nicht bloss „undenkbar", sondern den ganzen Gedanken unmöglich. Ein Seiendes, das „Uebersein ist über dem Sein", ist eine contradictio in adjecto, und verhüllt seine Absurdität nur durch die dann selbstverständlich nothwendige Behauptung der „Undenkbarkeit und Unerkennbarkeit". Es ist dann überhaupt nichts zu erkennen, weil „Nichts" darin ist. Der krasseste Pantheismus ist darin eingeschlossen, aber beraubt seines hohen idealen und realen Elementes, welches zwar noch nicht zur Persönlichkeit des absoluten „Geistes" hindurchzudringen weiss, aber mit unverlierbarem Rechte Gott und die Welt, Natur und Geist, Princip und Geschichte organisch und inhaltvoll zusammenzuschliessen sucht. Wie die Götter Epicurs, welche thatlos in den Intermundien sitzen, keine „Götter" mehr sind, sondern mit innerer Nothwendigkeit zum Abwerfen dieser nichtsthuenden höchsten Instanzen, zum Atheismus, geführt haben, und zur Entschädigung (gegen Epicurs besseres Wollen) zum sinnlichsten Genussleben führen, so ist dieses „Ueberseiende", das nichts denkt, nichts will, nichts handelt, überhaupt keinen Inhalt hat, der Tod jedes lebendigen Gottesbegriffes und jeder gesunden Religiosität. Die Zwischengötter müssen da helfen. Am monstrosesten erscheint dieser Spiritualismus des Grundgedankens bei dem sehr einflussreich gewordenen Dionysius Areopagita, de mystica theologia c. 4 u. 5, in seiner Weise einem ernsten, tiefsinnigen Denker, der die immer entweder abstract leeren und romantisch evolutionistischen und emantanistischen Gedanken des Orients in platonische Formen gegossen hat: Λέγομεν, ὡς ἡ πάντων αἰτία καὶ ὑπὲρ πάντων οὖσα οὔτε ἀνούσιός ἐστι οὔτε ἄζωος, — οὔτε ποιότητα (!) οὔτε ποσότητα (!) ἤ ὄγκον ἔχει — οὔτε ψυχή ἐστι οὔτε νοῦς, — οὐδὲ λόγος ἐστίν, οὔτε νόησις (!) — οὔτε ζῆ οὔτε ζωή ἐστιν

— οὐδέ τι τῶν οὐκ ὄντων οὐδέ τι τῶν ὄντων ἐστι — was also ist hier
Gott? eine öde leere Abstraction, also an sich ein Nichts, und von
diesem Gottesbegriffe aus konnte — meines Wissens zuerst —
Patricius († zu Rom 1597) nova de Universis philosophia unter Zu-
stimmung einer grossen Nachfolge, insbesondere von Strauss, auch
„wissenschaftlich" den Beweis antreten, dass Gott nicht persönlich sein
könne, da er ohne Verendlichung weder sich noch die Dinge
neben ihm denken könne, also überhaupt Nichts! — quid igitur
cognitat Deus? Deus scit, quid cogitet! Er denkt eben nichts! Diese
Einwände sind durchaus nicht ohne Gewicht. Es ist eben ein falscher
heidnischer Begriff der „Person" zu Grunde gelegt: die aristotelische
νόησις νοήσεως, entlehnt von der endlichen, werdenden Persönlichkeit,
die Gegensatz gegen Andere und Anderes und damit Beschränkung
in sich schliesst. „Person" ist aber vielmehr Selbstinnerlichkeit, und
in ihrer Vollendung Liebe, und die Liebe schliesst die Gegensätze aus,
sie eint das Verschiedene und Geschiedene. Die vollkommene Liebe
endlich — und die muss Gott sein, wenn er ist, — ist kraft ihrer
Liebe Alles, obwohl sie von Allem verschieden ist. Andeutungen
müssen hier genügen. Jene abstracten Absurditäten im Gottesbegriff
haben aber noch immer für Viele den Schein besonderer Tiefsinnigkeit,
und es ist tief zu bedauern, dass selbst ein Schleiermacher, Glaube § 50,
neben dem auf Gleiches hinauslaufenden Ausspruche Augustin's, de
tr. 5, 1, den selbst ein Trendelenburg sich aneignet, diesen Gottesbegriff ausdrücklich zu dem seinigen macht. Bei dieser Fassung ist
es freilich selbstverständlich, dass Gott nicht nur „nicht denkt",
sondern auch, dass er „undenkbar" wird. Denn habe ich einmal den
traditionellen Begriff des Absoluten — und das muss da sein in
irgendwelcher Gestalt! — so kann ich leicht unter dem Namen „Gott"
aus dem concret Wirklichen, der Welt, ein leeres Abstractum machen;
dann existirt aber (ausser meinem Gedanken) dies concret Wirkliche,
die Welt allein, und das Abstractum nur in meinem Gedanken, in
keinem Sinne für sich, d. h. Gott existirt nicht! Er wäre dann
identisch mit der Welt. Und dass die „existirt", braucht Niemandem
erst bewiesen zu werden. Die Flucht zu der Einrede, dass dies abstracte, eigenschaftlose Absolute doch das Princip des Weltgeschehens
sei, ändert nichts. Gott ist hier nur „wirklich" im Weltgeschehen,
also ist nur dieses wirklich. Er muss aber, wie die Welt, concrete

Wirklichkeit, er muss Person, in sich gründendes Individuum sein, oder er existirt nicht, und der Gebrauch des Namens „Gott" oder „Geist" ist täuschender Missbrauch. Wir müssen ihn endlich ausschliessen, schon um der wissenschaftlichen Ehrlichkeit willen. Uebrigens bezieht sich hier die innerhalb dieser Fassung sehr berechtigte Behauptung der „Undenkbarkeit" Gottes, nicht auf sein Dasein — das ist vielmehr dann zweifellos und trivial, — sondern auf das Sosein Gottes, auf sein metaphysisches, qualitatives Wesen. Hier werden dem endlichen Geist immer undurchbrechbare Schranken bleiben (und wir leben nicht bloss jetzt und nicht bloss hier). Aber Dasein und Wesen Gottes muss in seiner Grundeigenthümlichkeit schon als religiöses Postulat das Gewisseste und Evidenteste sein von allem Gewissen und allem Evidenten. Das Leben ruht auf der Religion, und die Religion auf der Gewissheit und Evidenz Gottes. Die Wissenschaft hat nichts erkannt, und die Offenbarung hat nichts offenbart, wenn sie Dasein und Wesen dieses centralen Lebensbegriffes nicht gewiss und evident gemacht haben, je im Maasse der jedesmaligen Culturzeit und ihres Heilsbedürfnisses. Und dabei ist es an sich gleichgültig, ob diese Gewissheit und Evidenz zunächst nur ein Gemüthsact ist oder eine gefundene Erkenntniss. Da müssen sie sein, waren und sind immer da. Der theoretische Atheismus ist stets eine für das Ganze schliesslich irrelevante Selbsttäuschung, Mangel an religiöser Durchbildung und Verstand, der praktische Atheismus aber stets sittliche Verworfenheit und behaftet mit Selbstverschuldung. Christus spricht es im Beginne seines hohenpriesterlichen Gebetes (Joh. 17, 3) einfach aus: *Αὕτη ἐστὶν ἡ αἰώνιος ζωή, ἵνα γινώσκωσι σὲ τὸν μόνον ἀληθινὸν θεὸν καὶ ὃν ἀπέστειλας Ἰησοῦν Χριστόν*, und ebenso alle Apostel; der thatfreudige Petrus sagt Joh. 6,69 zu Christo: *Ἡμεῖς πεπιστεύκαμεν καὶ ἐγνώκαμεν, ὅτι σὺ εἶ ὁ Χριστὸς, ὁ υἱὸς τοῦ θεοῦ*, und der mystische Johannes dreht sogar die Folge um (1. Joh. 4, 16): *Ἐγνώκαμεν καὶ πεπιστεύκαμεν τὴν ἀγάπην, ἣν ἔχει ὁ θεὸς ἐν ἡμῖν · ὁ θεὸς ἀγάπη ἐστίν.* Und der Dialectiker unter den Aposteln, der infolge zurücktretender dogmatischer Durchbildung jetzt so selten verstandene Paulus, zählt (1. Cor. 12,8) unter den Charismen des heiligen Geistes ausdrücklich auf den *λόγος γνώσεως*, d. i. im Unterschiede vom *λόγος σοφίας*, die theologische, die wissenschaftliche Erkenntniss. Und er thut es selbst da, wo er den lieblosen Gebrauch der *γνῶσις* ohne

Gemüth, die bloss auf das Wissen gerichtete und ästhetisirende γνῶσις der Griechen (und vieler „Gebildeten“ unserer Zeit), bekämpft und züchtigt (1. Cor. 8, 1 ff.). Triumphirend ruft er aus: γνῶσιν ἔχομεν, und verlegt sie 1. Cor. 13, 12. 13 auch in das Reich der Verklärung und in die Ewigkeit! Speciell von Gott sagt er Röm. 1, 20: Τὰ ἀόρατα αὐτοῦ ἀπὸ κτίσεως κόσμου τοῖς ποιήμασι νοούμενα καθορᾶται, und zwar sogar ἥ τε ἀΐδιος αὐτοῦ δύναμις καὶ θειότης, seine schöpferische Kraft und sein Wesen selbst, — Dasein und Sosein: εἰς τὸ εἶναι αὐτοὺς ἀναπολογήτους, weil (V. 19.) τὸ γνωστὸν d. i. (in der Schrift immer) das Erkannte, nicht bloss das Erkennbare Gottes auch in den Heiden war. Durch Selbstverschuldung hatten sie die Erkenntniss des lebendigen, persönlichen Gott nach Paulus verloren, die sie aus der Naturoffenbarung Gottes erkennen konnten und erkannt hatten. Begreiflich! Denn Gott ist ein Geist, und der Geist ist schon seinem metaphysischen Wesen nach als Geist, als Monas — wie übrigens alle Dinge — unsichtbar (ἀόρατος Col. 1, 15. 1 Tim. 1, 17. 6, 16). Er wird — wie übrigens alle anderen Wesen auch — nur sichtbar durch seine Wirkungen; wer die meisten Werke hat, ist der sichtbarste Geist. Nun ist Gott aller Werkmeister grösster, folglich ist er das sichtbarste von allen Wesen. Wir sollten uns dessen entwöhnen, zu viel von Gott dem „Unsichtbaren“ zu reden: es ist eine mehr oder weniger unbewusste Nachwirkung des heidnischen, neuplatonischen Gottesbegriffes. Ein blosses Abstractum kann man natürlich nicht sehen. Für den Christen (und wie sich zeigen wird auch für die Wissenschaft) ist Gott das Bezeugteste, „Sichtbarste“ und darum, auch Erkennbarste aller Wesen, und der „Unsichtbare“ nur als das alles Sichtbare durchdringende Princip. Metaphysisch „unsichtbar“ ist aber jede Seele, jedes Atom, jede wirkliche Substanz, jeder letzte Kraft-Keim, jede Dynamide, und nur aus solchen besteht die Welt. Aus Unsichtbarem ist alles Sichtbare gewoben (Hebr. 11, 3), der Materialismus ist eine grundfalsche Weltanschauung, oder er verwechselt sich selbst mit dem Realismus. Das einzige Wesen bei dem man wegen seiner universalen Manifestation auf Schritt und Tritt, im Weltgeschehen und in der inneren Erfahrung, versucht sein könnte, es „sichtbar“ zu nennen, das ist Gott, und wenn er persönlich ist, (was wir hier noch nicht wissen) der persönliche Gott. Wenn irgend Wer und irgend Etwas „sichtbar“ ist, so ist es Er! Wir sind

nur durch heidnische Philosopheme verwöhnt und beirrt. Und wie
Gott das sichtbarste von allen Wesen ist, so ist er folgedessen das
erkennbarste. Denn keines giebt sich von uran bis zu diesem
Augenblicke, immer, und im Kleinsten wie Grössten, Innen und
Aussen, gleicherweise zu „erkennen". Das immer von Neuem, als
besondere Weisheit und Wissenschaft, ja als besondere Frömmigkeit
und Ehrfurcht vor Gott, in Wissenschaft und Leben sich geltend-
machende Reden von der „Unbegreiflichkeit und Unerkennbarkeit"
Gottes ist für den, der bis zum christlichen Standpunkte und bis zum
wirklichen Gottesgedanken hindurchgedrungen, eine Schädigung von
Religion und Wissenschaft, eine gedankenlose Verleugnung des
lebendigen Gottes der Offenbarung und Geschichte. Und wären die
Betreffenden sich dessen bewusst, so würden sie eine Undankbarkeit
und Beleidigung des ewigen Gottes der Liebe darin finden, dass er
nach dieser Theorie mit seinem Wesen und dann doch wohl auch
mit seiner beseligenden Selbstmittheilung Versteckens spielen soll.

„Suchet Gott, er lässt sich finden," in jedem Sinne. Wir haben
es oben gesagt: Gottes Geheimniss erforscht kein endlicher Geist.
Es ist unserer Befriedigung Höhe, täglich nur mehr hineinzuwachsen
im Leben und in der Erkenntniss, in die Vertrautheit mit Gott.
Aber gerade dies Gefühl der Unauserkennbarkeit Gottes und aller
Dinge ist das Hochgefühl unseres Lebens und Forschens. Mich
würde der Gedanke erschrecken, eines Tages fertig zu sein mit dem
beseligenden Genusse dieses täglichen Hineinwachsens in Gott. Alle
Entdeckungen sind schön: aber keine herrlicher als mit jedem Tage
mehr die Geheimnisse des unendlichen Gottes der Weisheit und Liebe
sich aufzudecken, und es ist für den, der weiss, dass Gott ist und
was er ist, eine beseligende Gewissheit, dass er immer nur begrenzt, aber
unerschöpflich, in der Gemeinschaft mit Gott wachsen darf von Leben
zu Leben, von Licht zu Licht. Keine Zeit ist schlimmer als die,
wo ein sich selbst Betrügender meint, nun nichts mehr zu thun zu
haben. Er ist sicher ein hohler und öder Mensch. Vornehmlich aber
gegenüber Gott, der Allfülle unerschöpflichen Lebens, wenn er ist,
und wie er auch gefasst werden mag. Das Interessanteste — und
das ist Gottes Welt — ist ihm dann gleichgültig, langweilig und leer,
weil er es selber ist. Die Gott verloren oder noch nicht haben, sind
wie Blinde bei sehendem Auge, wie vaterlose und mutterlose Waisen

in einem Hause, wo sie Tag und Nacht von den Klappern der geist-
und liebelosen mechanischen Weltordnung umgeben sind, und entweder
eben noch mit davonkommen oder zerstampft werden. Der Glaube
an den lebendigen Gott der Liebe und die von ihm getragene Welt
steht anders und er kann auch wissenschaftlich voll begründet werden.
Aber tausend Fragen bleiben, und werden hier nie voll beantwortet
werden. Wenn wir uns nur nicht zu sehr in das auch nothwendige
Kleinzeug der äusseren Fragen und Kritteleien verlieren, so macht
das auch nichts, und ist gar nichts Besonderes. Wir können grosse
principielle Erkenntniss-Fragen für uns gelöst erachten; wir können,
wollen wir (für die Frömmigkeit unnöthiger Weise) auch dem metaphysischen Wesen (religionsphilosophisch, nicht dogmatisch) nachgehen;
wir können uns (etwa mit Leibniz) beruhigen, bei der Anschauung, dass
Gott die Central-Monas des Universums ist, die Welt sein von ihm
verschiedener Leib, er ihre Seele, wir seine Glieder, die μέλη der Schrift,
diese Gesammt-Geist-Leiblichkeit also in diesem Sinne Person; wir können
so versuchen, das Wort Act. 17, 28: Ἐν αὐτῷ ζῶμεν καὶ κινούμεθα
καὶ ἔσμεν, auf diese Weise uns zur Anschauung zu bringen, oder
die herrlichen Lebensworte Ps. 104 V. 29 ff.: die Welt ist dann Ein
ζῶον. Aber abgesehen davon, dass dies Alles doch nur Hypothese
bleibt: welche Geheimnisse bleiben uns auch sonst, wenn wir in das
Besondere eintreten! die Trinitätsfrage, das Geheimniss der Person
Christi, seines Erlösungswerkes, der Freiheit, der Unsterblichkeit, des
Endausganges der Dinge! Wir brauchen nicht zu sorgen, das uns
nicht genug μυστήρια bleiben, wenn wir das Centrum von Allem, sein
Dasein und sein Wesen, auch wissenschaftlich uns gesichert sehen.
Das innere Leben des Kleinsten in der Natur bleibt uns doch überall
Geheimniss. Trotz der mehr geistreichen als tiefgehenden Ant-
wort Göthes („Natur hat weder Kern noch Schale") und trotz der
grossen, auch die idealen Wissenschaften im hohen Grade fördernden
Fortschritte der Naturwissenschaften im Einzelnen, bleibt doch das
Wort Albrecht's von Haller Wahrheit: „Ins Innere der Natur dringt
kein erschaffener Geist", schon deshalb nicht, weil sie allemal durch
unseren Geist hindurch gehen muss, und wir nie in die Objectivität des
wirklich ausser uns Geschehenden hineinkommen. Und ebenso verhält
es sich mit der Erkenntniss des Geisteslebens Anderer, ja unseres
eigenen Gemüthslebens. In seine Tiefe dringt Niemand ein. Es

bleibt stets ein Rest, der zum weiterforschen zwingt, und eine Masse
von Irrthümern. Unser Wissen, auch das reichste, tiefste und schärfste,
bleibt Stückwerk! und je gründlicher und tiefer wir im Fortschreiten
des Lebens eindringen und je relativ vollständiger wir die Wissenschaften übersehen, desto mehr merken wir diese Beschränktheit und
Unsicherheit unseres Wissens. Viel ächtes Wissen macht demüthig
und fromm. Im Allgemeinen überschätzen wir aber unser Wissen
in allen Kreisen, wie überhaupt unsere Bildung, und die unermüd-
liche Specialisirung und Theilung der Wissenschaften fördert zwar
das Material des Einzelnen, gefährdet aber auch die principielle Erkenntniss und den Blick auf das Ganze. Und doch ist die Wirklichkeit überall ein „Ganzes". Vereinzeltes Sein giebt es nicht. Auch
das Einzelne kann relativ vollständig nur aus dem Ganzen verstanden
werden. Nie war die Ergänzung des Specialistenthums durch die zu-
sammenfassende speculative Wissenschaft nothwendiger als gegenwärtig.

Aber so viel Stückwerk, Hypothesen-Wesen, Unsicherheit überall
ist: in der Wurzel aller Erkenntniss selbst, in der Gottesfrage,
müssen wir gerade darum fundamentale Klarheit und Sicherheit auch
systematisch so gewiss gewinnen können, als wir die Offenbarung,
die Geschichte (einschliesslich die gewaltig und jugendlich fort-
schreitende Naturerforschung) und die unermüdete Geistesarbeit in
den Edelsten und Begabtesten aller Zeiten vor uns und hinter uns
haben, gerade in dieser Frage, und so gewiss wir das göttliche Eben-
bild an uns tragen, „göttlichen Geschlechts" sind. Und mit unserer
ganzen Seele Tiefe sehnen wir uns und streben nach unserer Heimath,
das ist Gott![1])

---

1) Aug. confess. I. init. — Interressant ist die Bemerkung Lotze's „Religionsphilosophie (2. A. 1884 §. 1): „Die Behauptung, der religiöse Inhalt sei „Mysterium"
ist untriftig. Viele religiöse Thatsachen können derart sein, dass die Möglichkeit
ihres Zustandekommens sich nicht vernunftmässig begreifen lässt, und daran würden
wir nicht allgemein Anstoss nehmen. Aber ein „Mysterium", dessen Sinn sich
nicht wenigstens definiren liesse, würde ein Curiosum ohne allen Zusammenhang
mit unseren religiösen Bedürfnissen und deshalb ein unwürdiger Gegenstand der
Offenbarung sein". — Dies ist vollkommen zutreffend. — Selbst Häckel betont
noch „Natürliche Schöpfungsgeschichte" 3. Aufl. Vorwort zur 2. Aufl. S. XXIX),
sich verwahrend gegen einen rohen Materialismus, mit grossem Nachdrucke „die
Vorstellung" eines das All durchdringenden und erfüllenden göttlichen Geistes",
wenn er auch bekanntlich zugleich den „persönlichen Schöpfer" aufgibt.

3.

So bleibt nur noch die Vorfrage, ob „Beweise für Gottes Dasein" wirksam sind? Ob sie nicht bloss auf den wirken, der den Gottesgedanken schon mitbringt? — Letzteres gewiss; denn jeder bringt ihn schon mit, positiv oder negativ, und alle Wissenschaft muss ihre Wurzeln einschlagen in das Leben und in die Erfahrung des Gemüthes, welches der wissenschaftlichen Untersuchung das Material und die Sehnsucht entgegenträgt, es geklärt, begründet und entwickelt zu sehen: Anselm, de fide trin. 2: Qui non crediderit, non experietur, et qui expertus non fuerit, non intelleget. Wir müssen noch weiter gehen. Wenn einen wissenschaftlichen Beweis derjenige nicht versteht und demnach auch nicht auf sich wirken lässt, der überhaupt keine wissenschaftliche Schulung hat, so werden uns seine Gegenversicherungen nicht sonderlich beunruhigen dürfen. Keinem Mathematiker oder Logiker oder Ethiker wird es beikommen, seinen Beweis darum für „unwirksam" zu erklären, weil ihn ein mathematisch, logisch oder ethisch nicht Vorgebildeter nicht versteht, und — wie es geschieht — ohne Selbstkritik für falsch erklärt. Wir werden ihn erst „in die Schule" schicken. Aber auch der Einwand von Jacobi „von den göttlichen Dingen und ihrer Offenbarung" S. 137 und Anderen ist unstichhaltig: „Wenn das Dasein eines lebendigen Gottes bewiesen werden könnte, so müsste Gott sich selbst aus etwas, dessen wir uns selbst als seines Grundes bewusst werden könnten, das also vor und über ihm wäre, darthun, ableiten, als aus seinem Principe evoviren lassen", — so aber ist Gott der erste und letzte Beweisgrund für alle Beweise selbst. Schon logisch müsse daher alle Beweisführung für ihn ergebnisslos und unwirksam sein. Er flüchtet sich also lieber zu dem oben besprochenen „unmittelbaren Bewusstsein", „zu einem göttlichen Instinkt", wie denn der witzige Lichtenberg (vermischte Schriften II S. 127) sagt: „Der Glaube an Gott ist Instinkt. Er ist den Menschen natürlich, sowie das Gehen auf zwei Füssen". Nun gehen wirklich alle auf zwei Füssen, wenn sie sie haben, aber nicht alle glauben an Gott, am wenigsten ohne Weiteres. Ist Gott, so muss er allerdings wie der letzte Grund von allem, so auch der letzte Beweisgrund sein, und dass er es ist, wird sich zeigen. Weder Psychologie, noch Logik noch Mathematik noch Aesthetik, noch irgend eine Wissenschaft und ideale Bethätigung ist möglich, ohne einen Regulator der Zusammenstimmung von Gedanken und Dingen, das heisst eben ohne Gott. Aber daraus folgt noch nicht, dass er persönlich ist, und noch weniger, dass wir ihn nicht wirksam suchen könnten. Jacobi übersieht, dass es sich bei unserer Frage nicht handelt um die Realisirung Gottes, sondern nur um sein Erkennen auf Grund des Wirklichen, das, ist er, allerdings von ihm sein und zu ihm führen wird[1]). Schon Thomas v. Aquino (summa I. 89, 3.) antwortete auf einen ähnlichen Einwand: Deus non est primum, quod a nobis cognoscitur, sed magis per creaturas in dei cognitionem pervenimus.

Schon der Umstand, dass so viele der edelsten Geister seit Jahrtausenden durch solche „Beweise" sich die Sicherheit und Freudigkeit ihres Gottesbewusstseins erworben haben, beweist thatsächlich ihre „Wirksamkeit", sobald das Bedürfniss nach ihnen, das heisst wissenschaftlicher Sinn und die Befähigung vorhanden ist, sie zu verstehen und durchzuarbeiten. Ohne Grund und Folge würden nicht so viele religiöse Männer aller Zeit all' ihre Kraft an sie gesetzt, und in ihnen ihre Beruhigung gefunden haben. Und da hier eines Einzigen Erfahrung an sich schon thatsächlicher Beweis und Widerleg ist, so will ich bemerken: in der Zeit furchtbarer innerer Kämpfe, in der Zeit, wo in dem jungen Manne die Probleme des Lebens und der Wissenschaft aufgehen, wenn er nicht von Natur salzlos und von der Tradition und Schablone nicht von vornherein abgetödtet ist, in der Zeit wo es sich um die Berufsfrage des Lebens handelte, ob Theolog oder Nicht-Theolog, — denn christlicher Theolog kann gewissenhafterweise nicht sein, wen seine wissenschaftliche Ueberzeugung zum Pantheismus, zu Spinoza, oder gar zum blöden Atheismus führt, — in der Zeit solchen Ringens, da der innere Mensch unter Thränen in der Nacht seiner Zweifel um Licht und Entscheidung flehte: da sind die Beweiszüge, die ich skizziren werde, wie eine Offenbarung in mir durchgebrochen, und haben sich immer mehr und von allen Seiten geistiger Weiterarbeit befestigend, vorgehalten für das ganze Leben und in allen Beziehungen. Eine bloss äussere, sogenannte geschichtliche Auctorität in idealer Sache des Glaubens, der Eigen-

---

1) Im Wesen ebenso Jul. Köstlin in der citirten Abhandlung: „Die Beweise für das Dasein Gottes" in Stud. und Krit. 1875 II. 4. S. 610 und 1876 H. 1.

überzeugung, war von mir längst als wissenschaftlich unzureichend erkannt. Ich wusste längst, dass die Auctorität der Schrift und Christi mit gutem sachlichem und wissenschaftlichem Gewissen nur anerkannt werden können, wenn sie erst selber erhärtet seien. An dem bloss „moralischen Christus" ist dies bei klarem Denken und Consequenz nicht erreichbar. Erst durch Gott den Vater wird eben voll und tief der Sohn gewonnen. Und dem Juden, dem Mohammedaner und Heiden gegenüber — und wir haben sie noch und wieder in Fülle unter uns selbst — ist mit der blossen Berufung auf die Schrift und „den geschichtlichen Christus" nichts gethan. Die sogen. „biblische Dogmatik" ist eine historische (exegetische), nicht systematische Disciplin. Die Gottesfrage und ihre speculative Lösung ist darum das Erste und das Princip für alles Andere.

Die Einwände der angeblichen Unnöthigkeit, Unmöglichkeit und Unwirksamkeit sind nach diesem Allen für mich gegenstandslos.

II.

Nun zu der Beweisführung selbst.

Es ist meine Absicht nicht, die bisherigen Beweise alle im Einzelnen durchzunehmen, auch abgesehen von Geschmacklosigkeiten, wie die des Jesuiten und Polyhistors Athan. Kircher († 1680), der 6561 Beweise für Gottes Dasein gezählt haben will. Ich halte zu meinem Bedauern alle bisherigen Beweise bedeutenderen Charakters zwar für mehr oder minder nothwendige Vorstufen von bleibendem Werthe für einen wirklichen Beweis, aber ich muss sie insgesammt für unzureichend erachten, den persönlichen weltverschiedenen Gott zu erhärten, und insofern für falsch, als sie diesen Anspruch erheben. Ich werde sie gleichwohl in ihren Pointen charakterisiren und beurtheilen, um für meine eigene Beweisführung die Basis zu gewinnen. Im Uebrigen verweise ich für die äussere Geschichte auf die Dogmengeschichten, und bezüglich des Dogmatischen vornehmlich auf Jul. Köstlin l. c., auf Kahnis luth. Dogmatik, I. 153 ff. und Dorner, System der christlichen Glaubenslehre (1879 und 86), I. §. 17—19, auch auf meines verehrten Herrn Collegen Luthardt. Conpendium §. 24. (Kähler, die Wissenschaft der christlichen Lehre, 1893, berührt §. 165 die Frage nur.)

Die Gliederung, die noch immer schwankt, werden wir selber

vornehmen müssen. Die Beweisführung geht gemäss dem Charakter des unmündigen Menschen vom Abstracten aus, entweder von der Welt in abstracto (der cosmologische Beweis), oder vom entgegengesetzten Ende, aber ebenfalls in abstracto (der ontologische Beweis), also sind sie zu vereinigen: — A. Der cosmologisch-ontologische Beweis, — in dieser Reihenfolge. Oder das Abstracte erhebt sich im Fortschritt des Forschens und Denkens zum Concreten, zu einer real-idealen Bestimmtheit der Welt: dann entsteht B. der teleologische Beweis, wieder mit innerer Steigerung entweder physico- oder historico- oder ethico-teleologischer (moralischer) Beweis, — A u. B sind die beiden bisher allein verwendeten Formen der Beweisführung; oder C: die Ergänzung und Gipfelung der bisher verwendeten Beweise durch den Fortschritt zu dem, was höher ist als das bloss Logische und Physische, zu dem Ethisch-Religiösen; — nicht als Einrichtung der Welt — das wäre noch nur teleologisch, sondern als zu realisirender Innenzustand: Der pneumatologische Beweis. Er ist wieder und beiderseits selbstständig, theils religiös ethischer, theils religiöser Beweis.

Mehr als diese 3 Hauptbeweise kann es nicht geben, und auch nicht in anderer Ordnung. Denn in ihnen sind Wesen und Begriff der Religion, der Welt (des Menschen) und Gottes selber, wie sich zeigen wird, erschöpft, und — wie ebenfalls zu zeigen ist — nur mit C wird die Vollendung des Gedankens, der persönliche Gott, erreicht. Die besondere Rubrik der „ästhetischen Gefühle" und ihrer „Idealwelt", die Lotze ausscheidet, gehört unter B., ist also keine besondere Rubrik. Wir verfahren demgemäss.

A. Der cosmologisch-ontologische Beweis.

1. Die religiöse Abstraction von der Welt aus: der cosmologische Beweis.

Das cosmologische Argument ist das älteste und allen übrigen Beweisen abstract immanent, weil es mit der Wurzel aller Religiosität zusammenhängt. Denn Religion ist weder Hingabe an Gott (ist viel zu wenig) noch Band (Gemeinschaft) mit Gott (popularisirende Verflachung ohne Angabe der nota specifica des Begriffes), noch die

Erkenntniss und Anerkennung Gottes als des Höchsten (die haben auch die δαιμόνια, καὶ φρίσσουσιν, Jac. 2, 19.), nach Gottes-Furcht (das A. T.), denn die höchste Form des ethischen Lebens, die Liebe, treibt die Furcht aus, und wer sich vor Gott noch fürchtet, statt ihn zu lieben und ihm zu vertrauen, ist nach christlichem Begriffe das Gegentheil: irreligiös; Religion ist ferner nicht Abhängigkeitsgefühl gegenüber Gott, weder absolutes noch relatives, sondern umgekehrt Freiheits- und Machtgefühl aus und in Gott (Phil. 4, 13); sie ist ferner ebensowenig „die Erfüllung des Bedürfnisses, für jede Erscheinung oder Begebenheit eine Ursache oder einen Urheber zu erspähen, — absoluter Causalitäts-Drang" (Peschel, Völkerkunde 5. A. S. 244), denn abgesehen davon, dass Wesen und Nerv der Religion damit nicht getroffen wird, ist sie stets heilspraktisch, niemals bloss theoretisch, sie ist darum auch nicht „das Streben, das Unbegreifliche zu begreifen, die Neugierde nach dem Absoluten" (Max Müller, Vorlesungen über den Ursprung der Religion S. 25 ff.) — ein Begreifen oder Begreifen-Wollen ist die Religion überhaupt nicht, das ist ihr zu wenig! — sie ist ferner nicht (Teichmüller, Religionsphilos. 1886 S. 558): „Die Gesinnung, welche sich dem Gottesbewusstsein zuordnet", das ist zu formal, und nicht einmal gesagt, was der Inhalt dieser „Zuordnung" ist, — sondern sie erwächst aus dem Willen zum befriedigten (seligen) Leben, aus dem Glückseligkeits-Willen, combinirt mit der Erfahrung eines Jeden — daher haben alle Völker Religion —, dass dieses Heilsziel wegen unserer schlechthin allseitigen und allgemeinen Schwäche im Physischen, Intellectuellen und Moralischen nicht durch eigene Kraft erreicht werden kann, sondern nur durch einen höheren als bloss menschlichen Macht- und Schutz-Willen, also durch Gott. Frömmigkeit ist deshalb zu definiren als diejenige Bestimmtheit des Willens zum Leben, welche in jedem Augenblicke des Lebens sich der Ergänzung und Erlösung durch ein höheres als bloss menschliches Princip wie bedürftig so auch theilhaftig weiss. -- Das erstere Glied — die Erlösungsbedürftigkeit — ist der leitende Gedanke des cosmologischen Beweises: die Unzureichenheit der aus sich selbst erklärten und auf sich selbst gestellten Welt: sie ist ein Abgeleitetes, Geschaffenes, Unvollkommenes, folglich fordert sie einen Schöpfer, Regierer und Erlöser, der trotz wie wegen der erfahrenen eigenen Schwäche die Möglichkeit und

4*

Garantie giebt für das Erreichen des kraft innerer Nothwendigkeit
erstrebten Heilszieles. Die Argumentation hat also (wie Schleiermacher) nur den ersten Theil der Frömmigkeit: das „bedürftig" sein
der Ergänzung und Erlösung, die „Abhängigkeit", — „mit unserer
Macht ist nichts gethan", nicht den zweiten Theil: das „theilhaftig, frei
Sein", — „Ein' feste Burg ist unser Gott". Der Beweis ist nur
negativ: die Welt, wie und weil sie ist, genügt sich nicht, sondern
weist über sich hinaus auf einen Schöpfer, Erhalter und Regierer:
auf Gott, — „folglich ist Gott". Alle 6 Formen des cosmologischen
Beweises tragen diesen Charakter. 1) Aus der Nothwendigkeit eines
Principes der Bewegung, eines primum movens, $\pi\varrho\tilde{\omega}\tau o\nu\ \varkappa\iota\nu o\tilde{\upsilon}\nu\ \mu\dot{\eta}$ (?)
$\varkappa\iota\nu o\acute{\upsilon}\mu\varepsilon\nu o\nu$. Plato Tim. 27 f., im Phaedrus und de rep. VI. 509, wo
das für die Wissenschaft verhängnissvoll gewordene: $\dot{\upsilon}\pi\varepsilon\varrho\acute{\varepsilon}\varkappa\varepsilon\iota\nu a\ \tau\tilde{\eta}\varsigma$
$o\dot{\upsilon}\sigma\acute{\iota}a\varsigma\ \pi\varrho\varepsilon\sigma\beta\varepsilon\acute{\iota}a$ sich findet, statt der Immanenz, Arist. oft: Phys.
VII, 1. VIII, 3. 5. metaph. XII, 6. de mundo c. 6. und daraus Cic.
de div. 2, 76. Tusc. 1, 28. Thom. Aq. summa 1, 2, 3.; scheinbar auch
Röm. 1,19. Hebr. 3, 4. — halb populär, aber poetisch schön August.
conf. 10, 6.; 2) aus der Veränderlichkeit alles Endlichen über-
haupt, welches ein $\H{a}\tau\varrho\varepsilon\pi\tau o\nu$ („Gott") voraussetzen soll, so besonders Joh.
Damascenus † um 754, de fide orthodoxa 1, 3: $\tau\varrho\varepsilon\pi\tau\dot{a} = \varkappa\tau\iota\sigma\tau\dot{a}$ und
da Alles $\tau\varrho\varepsilon\pi\tau\dot{a}$, ist der $\delta\eta\mu\iota o\tilde{\upsilon}\varrho\gamma o\varsigma\ \H{a}\varkappa\tau\iota\sigma\tau o\varsigma$ und $\H{a}\tau\varrho\varepsilon\pi\tau o\varsigma$; 3) aus dem
begrifflichen Charakter des in der That widersinnigen „Zufalls", d. h. des
Geschehenden auf dem Grunde der Grundlosigkeit, was absurd ist
und ein „Nothwendiges" voraussetzt (Leibniz, Kant), — es giebt nichts
„Zufälliges", auch die Freiheit bei richtigem Verständniss derselben
eingeschlossen; Das Wort „Zufall" sollte von keinem Denkenden ge-
braucht werden; Vgl. über diesen immer schwankenden Begriff die
Bemerkungen bei Jul. Köstlin, Stud. und Krit. H. 1 1876. S. 13.
In der Sache kommt es immer auf den angegebenen Missbegriff
hinaus; es ist die gedankenlose Flucht vor den stets vorhandenen
wirklichen „Gründen", und infolge derselben das Erschleichen eines
„Urgrundes" erst; 4) der Schluss aus der Unmöglichkeit eines regressus
in infinitum (Leibniz Theodicee 1, 7., und principia philosoph. §. 36.,
und A., schon Diodorus Tars. † 394 bei Phot. bibl. cod. 223), —
der logische Fehler ist hier, in der Welt der Wechselwirkungen überhaupt einen „regressus" zu beginnen; 5) der Schluss vom Endlichen
auf das Unendliche, der jedem Denkenden von selbst zuwächst, aber

den persönlichen Gott auch nur erschleicht; und 6) der damit unlöslich verbundene Schluss auf eine causa sui (Jul. Müller), -— ein
ungeschickter, mit seiner Genesis noch behafteter Ausdruck. Denn
das „in sich selber Gründende," in dem alles Uebrige gründet, kann
nicht die „Ursache seiner selber" sein, weil es einer Ursache nicht
mehr bedarf. Es ist, was es ist, weil es ist. Es ist, wie Lotze,
Religionsphil. §. 8 mit Recht sagt, „das schlechthin Thatsächliche, das
ist, nur weil es ist," obwohl nicht einzusehen ist, warum Lotze ihm
dort das Prädicat „nothwendig" meint bestreiten zu müssen, und welche
Frucht daraus für den Gedanken erwächst. Von einer „Ursache"
kann hier nicht weiter die Rede sein, am wenigsten von einer „Ursache seiner selber". Es ist eben in jedem Sinne das Absolute.

Auf dieses zu führen ist die unverlierbare, positive Bedeutung
des cosmologischen Beweises[1]. Aber die Beweisführung scheitert
an einem dreifachen Umstande: 1) an falscher Fragstellung, — die
meisten Denker dieser Richtung wollen auf den persönlichen Gott
zukommen, finden aber auf diesem Wege nur das Absolute, nicht
den Absoluten; es ist von hier aus nicht einzusehen, warum nicht
das Universum als Ganzes selbst dies „Absolute" sein soll? Darin
wird Strauss und Biedermann etc. nur Recht zu geben sein. 2) Bleibt
dies „Absolute" ein bloss formaler, abstracter Begriff, ohne irgend-
welchen anderen Inhalt als den des „a se-Seins", der „Ursachlichkeit"
im Allgemeinen. Er muss um Gehalt zu gewinnen, zu den concreten
„Ursachen" in der Welt sich flüchten, wie es in der That jeder Pantheismus thut. Dieser kalte, todte, leere Gottesbegriff, der thatsächlich
Gott und Welt zusammenwirft, ist niemals, sei es in einem Einzelnen, sei es in einem Volksleben, Lebensbegriff einer wirklichen Religion
gewesen, er kann es nicht sein. — Endlich 3) ist durch diesen Beweis nicht einmal festgestellt und festzustellen, ob das „Absolute"
göttlich oder teuflisch, Ormuzd oder Ahriman, gut oder schlecht
sei. Der Pessimismus benutzt das Argument ebenfalls, aber für seinen
blinden absoluten „Willen", der diese Welt des angeblichen „Elendes

---

1) So richtig auch Baumann l. c. S. 52 ff., doch zieht er mit einem Sprunge
schon hier Consequenzen auf Gott, die einheitliche Ursache des Universums, als
„Denken", also als „Person", die von hier aus nur durch Erschleichung gewonnen werden können. Mit bloss physischen und physicalischen Instanzen kommen wir nun einmal dieser Sache nicht bei.

und der Langenweile" herstellt. Schon dies Moment allein musste über den cosmologischen Beweis hinaus zum teleologischen treiben. Aber zwischenein trat

2) die religiöse Abstraction von Gott aus:
der ontologische Beweis.

Er hat diese nicht wohl zutreffende Benennung als „ontologisch" seit Kant empfangen und verhält sich geschwisterlich zum cosmologischen Beweise. Bei schärferem Zusehen ist er von ihm her entstanden. Er schwankt daher in seiner Durchführung fortwährend zwischen beiden. Ging jener vom Begriffe und der Thatsächlichkeit der Welt aus, so nimmt dieser seinen Ausgang vom entgegengesetzten Ende desselben Gedankens: vom Begriffe und Wesen Gottes; ist jener negativ, so setzt dieser begrifflich das Positive zur Seite. Aus der Unvollkommenheit und Bedingtheit der Welt schliesst jener, aus der Vollkommenheit und Unbegrenztheit des Begriffes Gottes schliesst dieser. Beide Beweisformen dürfen daher nicht auseinandergerissen werden.

Da der ontologische Beweis die abstracteste und kühnste Beweisform aller hier so reichlich wuchernden Abstractionen ist, so kann es nicht befremden, dass er rein und voll erst mit Anselm von Canterbury † 1109, also mit dem Beginne des Scholasticismus hervortritt. Der Götzendienst des Begriffes im „Realismus" musste erst Wurzel geschlagen haben, und alle seine Vorgänger, die häufig noch immer als „ontologisch" angesehen werden, sind „cosmologisch" und bereiten die ontologische Fassung nur vor. So Plato im Phileb. 29. a., Cleanthes bei Sextus Empiricus adv. Mathematicos IX p. 88—89, so Augustin de libero arbitrio 2, 3—15 und sonst. Der Inbegriff der (logischen und sittlichen) Normen ist ihm die Wahrheit, sie ist eine lebendige Macht, also existirt sie, — das ist cosmologisch-teleologisch, und führt begrifflich nicht zu dem persönlichen Gott als der „absoluten Wahrheit". Augustins neuplatonische Grundanschauungen, die er aus seiner heidnischen Entwickelungsperiode nie überwunden und leider verderbend auch in die christliche Trinitätslehre eingetragen hat, liegen auch hier zu Grunde[1]). Boëthius † 525 argumentirt de

---

1) Mit Recht drückt sich daher auch Harnack Dogmengesch. II. S. 117 (2. Aufl.) sehr vorsichtig aus: „Bei Augustin findet sich bereits der ontologische Beweis angedeutet." Er analysirt A. 1 obige Stelle in diesem Sinne.

consolatioue philos. III prosa 10 — prosa 2 f. liegt ab — grammatisch-logisch: Primum inquirendum, an aliquod summum bonum — in rerum natura possit existere, ne nos praeter rei subjectae veritatem ·cassa veritatis imago decipiat. Sed quin existat, sitque hoc veluti quidam omnium fons bonorum, negari nequit. Omne enim, quod imperfectum esse dicitur, id deminutione perfecti imperfectum esse perhibetur. Quo fit, ut si in quolibet genere imperfectum quid esse videatur, in eo, perfectum quoque aliquid esse, necesse sit. — Neque enim a diminutis inconsummatisque natura rerum cepit exordium, sed ab integris absolutisque. Dies ist nicht der Schluss des Anselm vom Begriffe des ens realissimum aus, aber sicher von Einfluss gewesen auf die volle Aufstellung des ontologischen Gedankens, auch bezüglich der Formulirung, zumal gleich folgt: Quum nihil deo melius excogitari queat, id quo melius nihil est, bonum esse quis dubitet? — Nam ni tale fit, rerum omnium princeps esse non poterit; erit enim eo praestantius aliquid. Das Dasein dieses praestantissimum wird aber hier überall vorausgesetzt.

Anselm ist demnach der Erste, welcher die streng ontologische Beweisführung gewagt, und zwar nur im Proslogium 2—4 (und im liber apologeticus contra Gaunilonem), nicht im vorausgehenden Monologium, wo er wie Augustin noch in den vagen Allgemeinheiten des Neuplatonismus stecken bleibt[1]).

Der Nerv des Anselmischen Gedankens spricht sich Prosl. 2 in den Worten aus: Id quo majus cogitari non potest (i. e. deus) non potest esse in intellectu solo. Si enim vel in solo intellectu est, potest cogitari esse et in re, quod majus est. Si ergo id, quo majus cogitari non potest, est in solo intellectu: id ipsum, quo majus cogitari non potest, est quo majus cogitari potest: sed certe hoc esse non potest. Existit ergo procul dubio aliquid, quo majus cogitari non potest, et in intellectu et in re.

---

1) Jul. Köstlin monirt l. c. S. 616 mit Recht dagegen, dass selbst Kahnis noch (Dogmatik I. S. 153 — vgl. auch Hagenbach Dogmengeschichte §. 163 A. 2) „Proslogium und Monologium" als Quelle für den ontologischen Beweis anführt. Der katholische Dogmatiker Kleo (Dogmatik 4. A. S. 250) nennt sogar allein das Monologium. Vgl. hiergegen auch mein: argumenta pro dei existentia exponuntur et judicantur, 1846 Pars II: argumentum ontologicum. Das dort ausgesprochene Urtheil halte ich im Wesen noch heute fest.

Die scharfsinnige Beweisführung gehört zu denjenigen Gedankenreihen, die immer wieder das Nachdenken erregen, so oft man auch zu ihnen zurückkehrt. Der Einfluss und die lange Nachwirkung derselben erklärt sich daraus. Aber auch die Unklarheiten und Verwirrungen, welche sich angeknüpft haben. Auf einem Missverständnisse des Ganzen beruht die berühmte, noch immer meist massgebende Kritik Kant's in der „Kritik der reinen Vernunft". Er fasst den Beweis Anselm's als einen synthetischen, d. i. als einen solchen, in welchem beabsichtigt wird, in dem gewonnenen Prädicate (hier das esse in re) ein neues Merkmal zu dem Subjecte des Satzes beizubringen. Das ist völlig irrig. Anselm will, wie die Worte seiner Deduction zeigen, einen analytischen Beweis geben, d. h. nur das aufdecken, was seines Erachtens in dem Subjecte (hier Gott) selber schon liegt. So liegt in dem Begriffe „Ursache" schon von selbst der correlate Begriff „Wirkung", im Begriffe „Dreieck" ohne Weiteres die Prädicirung von drei Seiten oder Winkeln, in dem cogito (cogitans sum) das: ergo sum. Wenn Kant meint, das sei dann eine „elende Tautologie", so ist das nicht richtig. Man kann das für den Erkennenden und sachlich in dem Subjecte ohne Weiteres Liegende im Prädicate ausdrücklich charakterisiren, wenn es für den Anderen, wie oft, nicht selbstverständlich ist. Wir sehen oft gerade das nicht, was vor den Füssen liegt, so muss es gezeigt werden. Die logische Lage des Cartesianischen: cogito ergo sum, ist genau dieselbe, dennoch wird Niemand sie „eine elende Tautologie" nennen dürfen. Die Geschichte der geistigen Entwickelung, die Thatsache, dass mit dieser „analytischen" Entdeckung des Cartesius die ganze Geschichte der neueren Philosophie und die wenigstens principiell erst von Fichte sen. vollendete Hervorkehr der jeder Realität im Naturgeschehen völlig ebenbürtigen Realität der inneren Erfahrung ihren Ursprung nahm, das Nicht-Ich im Ich, würde ihn einfach widerlegen.

Gemäss seinem Missverständnisse kritisirt nun Kant das Anselm'sche Argument. Er tritt den scharfsinnigen und interessanten Nachweis für den Satz an: „Sein ist kein reales Prädicat, d. h. nicht ein Begriff von irgend etwas, was zum Begriffe eines Dinges hinzukommen kann; es ist bloss die Position eines Dinges oder gewisser Bestimmungen an sich selbst." Das hatte K. schon eingehend 1763 behandelt in der Schrift: „Ueber den einzig möglichen Beweis für

Gottes Dasein", — das ist ihm dort der cosmologische. Aber auch dies ist unrichtig, wenn „Sein" gefasst wird im Sinne von „Existiren", im Gegensatze vom Nicht-Existiren oder Vorhandensein bloss im Gedanken. Und das ist genau der Sinn von esse bei Anselm. Dass dann das Existiren auch in der Wirklichkeit draussen einen „realen" Unterschied, ein „Neues" und Anderes, und zwar einen Vorzug begründe, im Vergleich zu dem bloss im Gedanken und bloss in der Einbildung „Seienden", ist unfraglich. Eine gethane, zur Verwirklichung gebrachte That, die gethan werden will und soll, ist etwas Anderes und mehr, als eine bloss gedachte, geplante und gewollte That, die es nicht zur Verwirklichung bringt[1]). Die blosse, niemals wirkliche Abstraction „Sein" ist überhaupt nichts als ein Innenzustand Dessen, der „ist"; aber der ist ein anderer, wenn er nur denkt und will, oder wenn er „denkend und wollend" sich durchsetzt, sich „verwirklicht". Jedermann weiss, dass der in Wirklichkeit getretene Willens-Gedanke innen und aussen ein Anderes und Höheres ist, als der blosse Gedanke. Anselm vergleicht so das bloss geplante und das vollendete Gemälde. Letzteres ist auch innen, und auch innen allemal mehr als jenes. Die einfachste Lebenserfahrung bestätigt das: Niemand wird mit Kant's 100 „bloss gedachten Thalern", die mit „wirklichen Thalern" gleich sein sollen, seine Miethe oder überhaupt

---

1) Das ist auch der Sinn der, so viel ich gesehen, noch nicht verstandenen Stelle Jac. 2, 26: Ὥσπερ τὸ σῶμα χωρὶς πνεύματος νεκρόν ἐστι, οὕτω καὶ ἡ πίστις χωρὶς τῶν ἔργων νεκρά ἐστι. Die That, τὸ ἔργον, ist in der πίστις selbst. Sie hat die Kraft (das πνεῦμα), das Werk wirklich aus sich hervorgehen zu lassen, im Unterschiede von der ohnmächtigen, werkelosen πίστις, der πίστις νεκρά. Diese verwirft Jacobus, und mit vollkommenem Rechte. Das ist ganz paulinisch, genau Gal. 5, 6, nur wie der ganze Jacobus, minder „dialectisch". Der richtig verstandene Vers ist wie Abschluss so Aufschluss der ganzen Erörterung des Jacobus. An einen Widerspruch mit Paulus, wie ihn selbst Luther hier fand, ist bei richtiger Exegese nicht zu denken, und kein Grund, um den angeblichen Widerspruch zu heben — der übrigens sachlich so doch nicht gehoben sein würde — den reifere Gemeindeverhältnisse und eine bedeutende Verbreitung des Christenthums schon voraussetzenden Brief des Jacobus in den Anfang der apostolischen Zeit, v o r Paulus zu setzen. Jacobus sagt: „Der in Kraft ihres πνεῦμα zur That sich auswirkende Glaube ist ein anderer und werthvollerer, als der Glaube, der im Gedanken und Wort stecken bleibt." Und das ist nicht bloss paulinisch, sondern Christi Lehre, und wahr. — Anselm leitet derselbe Gedanke, wenn er behauptet von Gott: esse in re majus est, quam esse in solo intellectu (meo) vel in sola voluntate.

bezahlen können. Der Spott Hegel's („die Beweise für das Dasein
Gottes"), der übrigens Anselm auch nicht verstanden hat, ist damit
nicht anerkannt. Kant's Einwand würde also unzutreffend sein, selbst wenn er
Anselm richtig verstanden hätte. Anselm's Beweis lässt sich kurz in folgenden Syllogismus zusammenfassen:

Deus (si est) est id, quo majus cogitari non potest,
Id quo majus cogitari non potest, nullam in se habet negationem,

Ergo deus nullam in se habet negationem,
Esse tantummodo in intellectu, non in re, est negatio,

Ergo deus non est in solo intellectu, sed in re: ergo est.

Der kühne Schluss ist ein solches Wespennest von logischen
Verfehlungen, dass nur die wesentlichsten hier hervorgehoben werden können. Es sind vier:

1) Der ganze Beweis ist eine petitio principii: er legt den Begriff zu Grunde, der erst gefunden werden soll: das reale ens realissimum. Denn rein apriorische Beweisführungen kann es nicht
geben, und giebt es nicht. Das menschliche Denken steht stets unter
dem bedingenden Einflusse der empirischen Erfahrung einerseits, und
des beobachtenden, logischen und schöpferischen Denkens andererseits.
Der blosse „Begriff" giebt nie ein Beweisergebniss, er ist auch nie
da, sondern bringt immer nur eine zur Abstraction erhobene oder
verflüchtigte Materie von rückwärts mit. So ist es hier mit dem
Begriffe des „Vollkommenen". Er ist aus der Tradition und Erziehung
oder aus der cosmologischen Gedankencombination entlehnt, und steht
und fällt mit dieser. Auch die scheinbar apriorischen Wissenschaften
der Logik und Mathematik ruhen zuletzt auf nur empirisch nachzu-
weisenden Thatsachen, und bauen sich dann formal auf diesen auf.
Sobald aus diesem bloss Formalen und Abstracten in die concrete
Wirklichkeit mit ihnen übergetreten wird, mit der es alle übrigen
Wissenschaften zu thun haben, beginnt auch ihre Unsicherheit und
Unzuverlässigkeit.

2) Der ontologische Beweis verwendet einen unrichtigen Begriff
der Negation. Die Negation — die nicht in Gott fallen soll — ist
an sich gar Nichts. Sie ist nur eine misslungene und als misslungen

anerkannte Position. Es giebt nur Positives, nichts Negatives. Die Behauptung einer Negation kann daher ebensowohl eine Vollkommenheit als eine Unvollkommenheit ausprägen. Die Negationen z. B. der Unendlichkeit, Unveränderlichkeit etc. bezeichnen geradezu Vollkommenheiten. Sollen sie wie bei dem ontologischen Satze des non esse in re, sed in solo intellectu, „Unvollkommenheiten" bezeichnen, so sind diese als solche erst aufzuweisen, und dass der bloss „gedachte" Gott sowohl an sich als für das Heil „minderwerthig" und schliesslich gar nicht ohne (ethischen und logischen) Selbstwiderspruch zu denken ist, das lässt sich zwar in der That beweisen. Aber der ontologische Beweis an sich thut es nicht und kann es nicht thun. Er thut es nicht, trotzdem dass wir anerkannt haben, dass das in re esse ein Anderes ist und wenn nachgewiesen, auch ein Vorzüglicheres ist, als das esse in solo intellectu. — Das führt

3) zu der metaphysisch-psychologischen Lage der Sache. Es führt mit anderem Inhalte zu dem Einwande Kant's zurück. Setzen wir Gott als Geist, und den Geist als substantiell einheitliches Kraftsein (als Dynamide), also mit Leibniz als selbstthätige, innerlich lebendige Monas (nicht als todtes Atom), und dies selbstverständlich wenn er ist, als absolut und als verschieden von der Welt, wie die Seelen-Monas verschieden ist von dem durch ihr σπέρμα organisirten und darum beherrschten Leibe, so bleibt der Unterschied von der jedenfalls von Gott durchlebten und erfüllten Monadenwelt des Universums metaphysisch und qualitativ nur ein örtlicher, nicht ein Unterschied des Inhaltes, sobald das blosse „Sein" den Unterschied machen soll: denn dann ist der Unterschied nur, dass in dem einen Falle der göttliche Lebensgehalt im Orte der Substanz Gottes, oder wie ich sage, der Geist-Monas Gottes ist, — denn allerdings ist mir die Seele nicht nur „die Einheit des Mannigfaltigen", also ein blosses Abstractum, sondern kraft des Einheitsbewusstseins der Person ein schlechthin einheitliches, immaterielles, — in dem anderen Falle aber wäre derselbe Gehalt im Orte der Welt-Dynamiden und ihrer Zusammenfassung. Nur der Ort der Substanz, der metaphysische Träger desselben, wäre verschieden. Und das ist sachlich völlig gleichgültig. Denn wie der Raum nichts Anderes ist als die quantitative Abstraction aus dem Nebeneinander der Dinge, die Zeit einschliesslich der Bewegung die quantitative Abstraction aus der Veränderung oder

5*

dem Nacheinander des Geschehens, nach Aristoteles ἀριθμὸς τῆς κινήσεως — beides aber unser (übrigens nothwendiges) Gebilde ist, also an sich gar keine metaphysische Realität oder gar Qualität hat: so macht die punctuelle Abstraction aus dem Raume wieder, der Ort der Existenz, an sich gar keinen Unterschied der Vollkommenheit und Unvollkommenheit, und fällt daher aus der Absicht des ontologischen Beweises vollkommen heraus. Der Pantheismus trägt deshalb kein Bedenken, diesen göttlichen Inhalt einfach in die Welt und nur in sie zu legen, und dies besteht in der That als die einfachere Weltanschauung so lange zu Recht, als die Welt-Verschiedenheit Gottes nicht nachgewiesen ist. Kein Beweis ist von diesem Nachweis ferner als der ontologische, er bewegt sich auch hier in naiven (traditionellen) Voraussetzungen. — Dasselbe gilt endlich

4) von der Persönlichkeit Gottes. Gott ist diesem Beweise ein „id quo", ein Neutrum, ein todter, kalter Begriff, und fällt damit mit der Wurzel selbst aus dem historischen Christenthum heraus.

Bei der Kühnheit und Sinnigkeit des Beweises ist es nicht auffallend, dass er durch Jahrhunderte die tiefsten Denker bewegt hat. Während der Mönch Gaunilo, Zeitgenosse Anselms, sein schwaches Buch liber pro insipiente (nach Ps. 14), und sein noch schwächeres Beispiel der mythologischen „vollkommensten Insel Atlantis", die deshalb doch nicht wirklich sei, entgegensetzte, hat Cartesius in seinen principia philosophiae und in seinen meditationes, und seinen Auseinandersetzungen mit dem gegnerischen Gassendi im appendix, in Anknüpfung an Thomas v. Aquino, wie es scheint ohne Kenntniss des Anselm selbst, viele positive Arbeit an diesen Beweis gesetzt. Er unterscheidet einen doppelten Beweis: einen „aposteriorischen" (meditt. Amst. 1663. p. 89): rei existentia ex eo, quod eius idea sit in nobis, a posteriori demonstratur, und einen „apriorischen" aus der Widerspruchslosigkeit der Idee eines Vollkommensten, entis summe perfecti. Diese ist aber selber fraglich, und führt höchstens zur Möglichkeit Gottes. Indem Cartes. drei ideae in nobis unterscheidet: die ideae adventitiae, die empirisch uns zuwachsenden, die arbitrariae, die willkürlich gebildeten, und die innatae oder insitae, glaubt er, weil angeblich die beiden ersten Kategorien auf die Gottesidee nicht anwendbar sind, die persönliche Gottesidee als eine angeborene betrachten zu dürfen. Er beruft sich sogar auf die veracitas des noch gar nicht gefundenen

Gottes, die weder in Beziehung auf das allerdings fragliche objective Dasein der Natur noch bezüglich seines eigenen Daseins uns täuschen könne. Das sind Erschleichungen, und führt nicht weiter. Ebenso wenig Leibniz mit seinem Rathe (opera philos. ed. Erdmann 78 ff., epp. ad. diversos ed. Korthold A. IV. p. 21) von der Aseitas, dem ens a se auszugehen: ens ex cujus essentia sequitur existentia — das ist aber eben das zu Erweisende! — si est possibile, — existit. Das ist blosse logicale Willkür. Dennoch folgt dem Wolff und seine Schule, obwol er auf das ens perfectissimum wieder zurückzukehren sucht. Mendelsohn sucht in seinen „Morgenstunden" 1785, insbesondere vom Begriffe der independentia dei aus nachzuweisen, dass im Begriffe des absolut Independenten weder innen noch aussen ein Widerspruch liege, dass er also „wirklich" sei, — das heisst höchstens „möglich" ist. Zuletzt mit hat Kahnis in seiner Dogmatik sich in den rein ontologischen Beweis vertieft, geistvoll, aber mit abnehmender Zuversicht. Die Zeit der Realitäten ist dieser Form des Denkens (mit Recht) nicht günstig. Ich darf hier im Uebrigen auf die sorgfältige Behandlung bei Jul. Köstlin l. c. S. 625—655 hinweisen, mit dem ich meistens übereinstimme, auch bezüglich der Richtigstellung von Kuno Fischer's Geschichte der neueren Philosophie. Wohin auch eminent scharfsinniges Denken bei diesem blossen Operiren mit abstracten Begriffen kommt, das tritt vielleicht am greifbarsten und interessantesten hervor in: Döderlein, Gottes Dasein bewiesen an Wissen und Sein, 1872 und in seiner theologia divina, 1888. Wir haben in dieser Schrift dialectisch ganz die alte Anselmische Scholastik im Zeitalter der Realitäten, nur kühner noch und reicher. Der 81-jährige, am 13. Febr. 1895 verstorbene Kirchenr. Sup. Schmalz in Dresden hat sich in der Erlanger „philos. Zeitschrift" das Verdienst erworben, nachzuweisen, dass man mit solchen blossen „Begriffen" wie „Bewegung, Raum und Zeit", bei dem Scheine strengster Systematik nur von Willkür zu Willkür geräth.

Völlige Entfremdung des ontologischen Beweises von sich selbst ist aber die neuerdings gewöhnlich gewordene Umdeutung desselben in das angeblich „unmittelbare Bewusstsein" von Gottes Dasein und Persönlichkeit. Ihre wissenschaftliche Unzureichenheit ist oben nachgewiesen. Es ist nicht mehr „Anselmisch-ontologisch", obwohl an sich wahr und bedeutsam, wenn in dieser Richtung Fr. Nitzsch

sagt (Dogmat. §. 13. vgl. Lipsius, Dogmat. §. 277 und Jahrbücher f.
prot. Theol. 1878 H. 1—4): „Wir können das Absolute nachweisen
als eine ursprüngliche unserem Geiste innewohnende Grundvorstellung,
die den ganzen Menschen zu ergreifen, zu bewegen und zu erheben
vermag." In der Hauptsache ebenso fasst den Gedanken als auch
wissenschaftlich ausreichend Ritschel in der gehaltvollen Erörterung:
„Rechtfertigung und Versöhnung" III. S. 184, 29 ff, obwohl er eintritt
S. 188 „für die Nothwendigkeit, Gott auf Basis des moralischen
Beweises als Urheber der Welt zu denken," — ähnlich Reiff, Glaubenslehre I. S. 44. Kähler l. c. Frank. Es ist, ausser auf Basis des
blossen Auctoritätsbeweises, unwissenschaftlich, mit dem Höchsten,
Schwersten und Letzten „Gott ist (die) Liebe", Joh. 4, 8. 16. zu
beginnen. Hegel („Beweise für Gottes Dasein" und sonst) und seine
Schule identificiren dann schliesslich gemäss ihrem Pantheismus und
consequent, „Gottes Person-sein" (nicht sein „Sein" überhaupt) mit
dem Gottesgedanken des endlichen menschlichen „Ich", und Feuerbach's Anthropologismus (Ludwig und Friedrich) hält ihn nur für
den Ideal-Gedanken des Menschen, der ebensowenig wie jenes, selbst-
ständige, von unserem „Ich" und von der Welt verschiedene Existenz
hat. Das ist Missbrauch des Anselmischen Gedankens und des Namens
„ontologisch". Für solche Selbstverständlichkeiten pantheistischer Weltanschauung hätte sicher Anselm seinen dialectischen Scharfsinn nicht
erst in Bewegung gesetzt. Aber er bleibt selbst im Abstracten, das
aus dem Concreten entsteht, aber nie von sich aus zum Realen führt.
Dies sucht zu ergänzen:

B. Der teleologische Beweis.

Er schliesst auf Gott als Geist und als weltverschieden aus der
zweckgemässen Einrichtung und Schönheit der Welt, einschliesslich
ihrer moralischen Ordnung. Wo Zwecke verfolgt werden und Zweck-
mässiges, Schönes und Gutes kraft der Einrichtung des Ganzen verwirklicht wird, da scheint mit zwingender Nothwendigkeit der Hinweis gegeben auf ein diese Zwecke unabhängig von uns setzendes
und realisirendes Wesen, und da „Zwecke" dem strengen Begriff des
Wortes gemäss nur in einem Geiste sind, nur von ihm ausgehen
und verwirklicht werden können, so wird dieses von der Welt ver-

schiedene und sie beherrschende Wesen nur als Geist, als Person gedacht werden können. — Hier ist zunächst schon die Frage bestimmter gestellt: der persönliche Gott wird ausdrücklich in Frage genommen, und damit der cosmologische (und ontologische) Beweis seiner Abstractheit entkleidet. Kant nennt diesen Beweis mit Recht den ehrwürdigsten und praktisch wirksamsten aller Gottesbeweise. Um nicht weiter zurück und weiter hinauszugehen: Die Pythagoräer schon haben seine Substanz, indem sie den ἀριθμὸς, die Zahl, der festgeordneten Wirklichkeit zu Grunde legen. Sie thun dies mit unsrer Chemie einschliesslich der Astronomie und der experimentellen, wirklich wissenschaftlichen Psychologie, und da die Chemie, wird sie aus einer nur quantitativen Wissenschaft mehr und mehr eine qualitative geworden sein, die Grundwissenschaft aller Naturwissenschaften sein wird, so liegt die teleologische „Zahl" zunächst allen Naturwissenschaften zu Grunde. Die genauere Fassung noch vorbehalten, tödtet sich jede Wissenschaft selbst, sobald sie meint, alles Teleologische ausscheiden zu können. Spinoza's ethice und tractatus politicus und theologico-politicus scheitert an dieser Ausscheidung des Teleologischen, trotz seines eminenten Verstandes und trotz charaktervoller Consequenz. Seine axiomata und definitiones schweben als blosse beweis- und ziellose Behauptungen in der Luft, und das kalte grossartige System schlägt am Schluss, wie sich zeigen wird, von ihm unerkannt um in sein Gegentheil. Aus dem abstractesten Pantheismus wird ein Gott als Liebe fordernder Theismus, also doch zum Schluss ein Teleologisches. Das harte Urtheil des pessimistischen Nietzsche über den Formel-Spinoza ist hier, anders als dem „sfeifbeinigen Chinesen" Kant gegenüber, nicht im Unrechte. Es fehlte dem ehrenwerthen Mann die Poesie des idealen Gemüthes, ohne welche die Religion und ihre Teleologie nicht gefunden wird.

Die höhere Wissenschaft und Religion aller Zeiten hat dagegen einen teleologischen Zug. Der νοῦς des Anaxagoras war nichts Anderes als das zweckmässig gestaltende Formprincip der Welt. Socrates verwendet es schon in·scharfer Formulirung bei Xen. Memorab. 1, 4. Cic. de nat. deor. 1, 37 ff. Tusc. 1, 13. Philo erreicht fast bereits die volle auch wissenschaftliche Formulirung, wenn er sagt de monarch. I. 815: Ὀυδὲν — τῶν τεχνικῶν ἔργων αὐτοματίζεται· τεχνικώτατος δὲ ὁ κόσμος. Ὥστε ὑπὸ τινὸς ἀγαθοῦ καὶ τελειοτάτου πάντως δεδημιουργῆσ-

ϑαι, τοῦτον τὸν τρόπον ἔννοιαν ἐλάβομεν ὑπάρξεως θεοῦ. — Die Schrift
A. u. N. T. kommt immer wieder auf diese Teleologie als Zeugen
Gottes zurück: Ps. 18. 19. 104. Hiob. 37 — 41. Sap. 13, 1 — 5
(*ἐκ μεγέθους καλλόνης κτισμάτων*), Röm. 1, 19. Act. 14, 17. 17, 27.
So gut wie alle Kirchenväter und Dogmatiker wiederholen den Beweis: Minucius Felix, Tert., Aug. Lactanz, Scotus Erigina, Clem.
Alex., Stromata 5, 17. Athan., Greg. Naz., Joh. Damascenus, Thomas
v. Aq., Mel., Calv. Es versteht sich von selbst, dass thatsächlich
Luther in ihm lebt und webt. Und zwar werden alle Erscheinungen
der Teleologie in Betracht gezogen, nicht bloss die physischen, sondern auch die Leitung der Weltgeschichte und des einzelnen Lebens
und die unverbrüchliche moralische Gesetzlichkeit, an welche die
Welt und wir gebunden sind, und innerhalb deren allein die Sittlichkeit gewahrt, aber auch mit Zuversicht zu ihrem Ziele gebracht werden kann. Religiöse Heroen, wie Luther, schöpfen ihren ganzen
Heldenmuth aus dieser Zuversicht. Die Uebertreibungen und Geschmacklosigkeiten in der Verwendung des teleologischen Beweises
im 17. Jahrhundert, auch schon in der auflösenden Kritik des Reimarus,
„die vornehmsten Wahrheiten der natürlichen Religion", und in den
bekannten Bridgewater-Büchern können hier ganz bei Seite gelassen
werden, die Hydro-Pyro-Bronto-Sismo-Ichthyo-Akrido-Astro-Litho-
Theologie etc. Fortlage die Beweise für das Dasein Gottes S. 215,
besonders aber Feuerbach in seinem Bayle S. 44 ff. haben sie nicht
ohne Hohn zusammengestellt. Sie sind hervorgegangen theils aus
Mangel an Geist und Geschmack in dieser Zeit, theils aber aus dem
sinkenden religiösen Interesse und dem erwachenden, specifisch natur-
wissenschaftlichen Sinne, verbrämt noch mit dem „Begriffe Gott."
Die 1749 erschienene 2bändige „Petinotheologie" von P. Zorn enthält viele für den „Zoologen" und Landwirth brauchbare Beobach-
tungen und Auskünfte über die Vögel, sie sind noch heute nicht
werthlos. Aber ausser einigen Phrasen fehlt alles wirklich religiöse
Interesse. Die Naturwissenschaften scheinen jetzt zum Theil durch
Ausscheiden alles Telcologischen, ohne das es eine wirkliche Natur
nicht giebt, das Kind mit dem Bade auszuschütten. Sie fürchten
zwar mit Recht die Phantastereien der „Naturphilosophie" von
Schelling, Oken, Wagner etc. im Anfang dieses Jahrhunderts und
früher, aber abusus non tollit usum, und ohne ideale Instanzen, ohne

schöpferisches Denken neben der experimentellen Beobachtung, wird nie die wirkliche Welt verstanden werden können, und sind auch die Naturwissenschaften niemals einen grossen Schritt vorwärts gekommen. [1])

Die Religion kann der Teleologie niemals entbehren, denn sie ist undenkbar ohne den Gott, der lebt und wirkt in der Organisirung wie des Ganzen so des einzelnen Lebens. Und dieses ist gerichtet, ohne Ausnahme des kleinsten Theiles der Welt, auf die Lösung von Aufgaben und das Erreichen der Ziele des sittlich-religiösen Lebens und damit eines befriedigten glückseligen Seins. Alles hängt zusammen und steht in Wechselwirkung mit einander, Alles muss dienen diesem Ziele, oder das Ziel des Ganzen wie des Einzelnen bleibt unerreichbar. Einen gesicherten Unterschied zwischen dem sogenannten Unorganischen und Organischen hat, meines Wissens, noch Niemand festgestellt, auch die Religion kennt ihn nicht. Das Ganze ist Ein teleologischer Organismus. Auch da gilt, was sonst nur das Sittengesetz beansprucht: Einer für Alle, Alle für Einen. Insbesondere von Gott gilt, wie er ist, der Satz (Wundt, Ethik 1. A. S. 395): „So viel Actualität, so viel Realität." Es giebt keinen Stoff, der nicht Kraft wäre, und zwar Kraft in immer-

---

1) In diesen Gedankenspuren geht auch die sehr eigenthümliche Schrift: „Der ontogenetische und phylogenetische Beweis für das Dasein eines persönlichen Gottes" von Robert Hugo Hertzsch, Halle 1893. Er geht aus von dem eigentlichen Urheber der Evolutions-Theorie, Lamarck († 1829), von da zur Widerlegung der Erdrevolutionen-Theorie des Cuvier, und zur eingehenden und billigenden Darstellung der Transformations-Theorie Darwin-Häckel, verfolgt dessen 25 „Ahnenstufen" des Menschen, schlägt aber dann S. 24 plötzlich um, weil (Darwin-)Häckel die höchste Stufe der Erdschöpfung, den Menschen, nicht erklären könne. Hier sei nach dem biogenetischen Grundgesetze Häckels selbst eine Mischung von Geist und Materie nöthig, und H. kommt so auf Gott, als den grundschöpferischen, Alles durchdringenden Geist. Er sucht Anknüpfung (mit Recht) bei Wundt (und Carniere), der neben der Natur-Causalität eine freischöpferische Willens-Causalität betont, und meint S. 34, dass „die Auffindung seines Beweises ohne Zweifel mit zu den grössten Thaten dieses Jahrhunderts gehört." — Solche Annahmen sind immer bedenklich. Aber ich bin stets der Meinung gewesen, dass die Darwin'sche Hypothese so lange ruhig den Naturwissenschaften zu überlassen ist, als sie aus ihrer Schöpfungs-Scala Gott nicht eliminirt. Hier kommt nun ein Darwinianer und bekennt, dass er nach den Grundsätzen des eigenen Systems Gott absolut nicht entbehren könne! Und das ist richtig.

während er Action. Man braucht nicht mit Büchner Materialist zu
sein, um die Unterscheidung von Kraft und Stoff für ein Ueber-
bleibsel der Scholastik zu erklären. In diesen Gedankenbahnen geht
offenbar auch der „Neovitalismus", den Prof. v. Rindfleisch-Würz-
burg jüngst auf der 67. Versammlung der Naturforscher in Lübeck
verkündigte, und die „Energetik", die ebenda mein verehrter Herr College
Ostwald an die Stelle des Materialismus gestellt wissen will.
Das ist längst meine Ueberzeugung. „Actualität" ist aber nie denkbar ohne Ziel, ohne τέλος. Vielmehr ist dies nicht nur ihr bestimmter
Inhalt, sondern auch ihre eigentliche Kraft.

Darum ist begreiflich, dass der teleologische Beweis vornehmlich
aufgebaut worden ist auf dem Bestreben, das höchste τέλος, die Sittlichkeit, zu sichern, — auf der praktischen Nothwendigkeit, die sittliche
Weltordnung, welche uns bindet, zu erklären und gegenüber den
widerstrebenden Mächten die Verwirklichung des Guten, Wahren und
Schönen zu gewährleisten durch die Weltordnung selbst. Denn dem
grössten Theile nach ist sie von uns unabhängig. Diese Sicherung
muss vorhanden sein, wenn wir lebensfähig sein sollen; ohne die
Sittlichkeit geht laut der Weltgeschichte schliesslich überall und immer
jedes geistige Wesen zu Grunde, nach Innen und Aussen. Sie kann
aber nur gewonnen werden, wenn Naturgesetz und Sittengesetz, dies
Naturgesetz des Geistes, nach Inhalt und Erfolg mit einander har-
monisch sind. Mit Recht sagt Jul. Köstlin l. c. 1876 S. 80: „Die
Gewissheit der moralischen Weltordnung gehört an sich nothwendig
zum sittlichen Bewusstsein." Naturgesetz und Sittengesetz sind har-
monisch, und der Beweis fährt nun fort: diese physisch-sittliche Weltordnung und ihr Ergebniss lässt sich nur erklären, wenn ein höheres
Wesen als die Natur und der Mensch, Urheber und Träger des unverbrüchlichen Sittengesetzes ist, und durch seine Welt-Einrichtung
und Regierung die Möglichkeit und den Sieg des Guten gewährleistet
und herbeiführt. Dieses höhere Wesen ist Gott, folglich ist er, —
der moralische Beweis.

Es ist ohne Zweifel ein rein teleologischer Beweis: die für die
Realisirung des Sittlichen zweckmässige Einrichtung der Welt, die
ihre Erklärung fordert, und die sie nur durch Gott als Geist und
Person finden soll, — das ist hier der Kern, — er ist daher keine
besondere Kategorie unter den Gottesbeweisen.

Seine Form ist im Einzelnen eine ziemlich verschiedene, und oft verwendet (so von Dorner, Ritschel, Jul. Köstlin, in besonders gehaltvoller Erörterung, Martensen, Pfleiderer, u. s. Am bekanntesten und einflussreichsten ist aber noch immer der „praktische Beweis" von Kant, auf den der edle Denker wiederholt zurückkommt: „Kritik der praktischen Vernunft" 1788, 1. Th. 2. B. 2. Hauptstück V (Hartenst. 4. B. S. 245 ff.), und „Kritik der Urtheilskraft" 1790 2. Th. 2. Abth. §. 87 (Hartenst. 7. B. S. 331 ff).¹) Der Schluss ist der: „Wir sollen das höchste Gut — voran die Sittlichkeit, dann aber auch die gleichfalls lebensnothwendige Glückseligkeit zu fördern (zu realisiren) suchen. Und weil wir das sollen, muss es auch möglich sein. Also wird auch das Dasein einer von der Natur verschiedenen Ursache der gesammten Natur, welche den Grund des Zusammenhanges (zwischen ihnen), nämlich der genauen Uebereinstimmung der Glückseligkeit mit der Sittlichkeit enthalte, postulirt." Diese oberste Ursache der Zusammenstimmung muss Intelligenz (vernünftiges Wesen) und — Wille sein. „Also ist diese oberste (von der Natur verschiedene) Ursache — ein Wesen, das durch Verstand und Willen die Ursache (folglich der Urheber) der Natur ist, d. i. Gott. Folglich ist das Postulat der Möglichkeit des höchsten abgeleiteten Gutes (der besten Welt) zugleich das Postulat der Wirklichkeit eines höchsten ursprünglichen Gutes, nämlich der Existenz Gottes".²) Es ist evident, dass auch dies im vollen Sinne „teleologischer

---

1) Eine besonders gründliche Darstellung des „praktischen Beweises bei Kant ist die von Katzer: „Der moralische Gottesbeweis nach Kant und Herbart", Jahrbb. für protest. Theologie 1878 H. 3 und 4.

2) Es hat etwas Ergreifendes, mit welcher Innigkeit der geweihte Mann, sonst so nüchtern, wie im Gebete zu Gott, an die „Pflicht" sich richtet „Krit. der prakt. Vernunft" 1. c. S. 200: „Pflicht! du erhabener grosser Name, der du nichts Beliebtes, was Einschmeichelung bei sich führt, in Dir fassest, sondern Unterwerfung verlangst, — und doch sich selbst wider Willen Verehrung (wenngleich nicht immer Befolgung) erwirbst, vor dem alle Neigungen verstummen, — welches ist der Deiner würdige Ursprung, und wo findet man die Wurzel Deiner edlen Abkunft" — ? — Es ist wie die unbewusste Sehnsucht des Denkers, die abstracte „Pflicht" als persönlich empfinden und zu ihr als zu dem lebendigen Gotte beten zu dürfen! Wie eine Ahnung ist es, dass die „Pflicht", das Sittengesetz, der persönliche Gott selber ist! Die Moral wird hier zur Religion, und das muss sie in der That.

Beweis ist, nur beschränkt auf das sittliche Gebiet. Es unterliegt somit ebenfalls der Beurtheilung des teleologischen Beweises überhaupt. Und so schwer sein inhaltliches Gewicht ist und so unverlierbar gross seine praktische Bedeutung, wenn man den persönlichen Gott schon hat, so muss doch bei unbefangener wissenschaftlicher Prüfung eingeräumt werden, dass er dialectisch fast der schwächste ist von allen Beweisen.

1. Es ist hier nur behauptet, nicht bewiesen, dass die (mit Recht) geforderte Teleologie keine der Welt immanente sein kann? keine ihr von uran und in Ewigkeit eignende? — so Hegel, Str., in der Sache auch Biedermann etc. Kant spricht „Kritik der Urtheilskraft" von einem der Welt vielleicht einwohnenden „Kunstinstinkt". Warum er nicht auch auf das sittliche Gebiet soll ausgedehnt werden können, davon haben mich die vorgebrachten Gründe nicht überzeugt. Und dies um so weniger, da die sittlichen Ideen, überhaupt die idealen Instanzen, auch wenn sie im letzten Grunde von aussen her, von Gott, kämen, doch, um gemäss dem Gesuchten wirken zu können, in der Welt (Natur) sein müssten, — warum dann aber nicht von vornherein? wie sie in Gott — ist er — gesetzt werden müssen als blosse Thatsache, nur weil sie da sind, ohne höhere Ableitung? Der für die Welt gemachte Unterschied wäre eine blosse petitio principii. Unbewusste, zum Theil aber nie vollständig zum Bewusstsein, zur geistigen Daseinsform kommende Ideen, auch sittliche, giebt es in Mengen, auch in unserer eigenen Seele, und die ganze Welt, einschliesslich der sogenannten unorganischen Natur, muss von Aehnlichem durchdrungen sein. Sonst wäre unbegreiflich, wie sie ihnen dienen könnte, und wie das Kunstwerk des zielvollen Organismus, den wir täglich sehen und verwenden, zu Stande kommen sollte. Sie sind jedenfalls ungezählt auch unbewusst da, — in jedem „Möslein"! —: sollen sie es im Ganzen und in ihrem letzten Grunde nicht sein, (und es wird sich zeigen, dass sie es nicht sind,) so ist das zu beweisen, der teleologische Beweis beweist es nicht, auch nicht der moralische, wie er bis jetzt vorliegt.

Aber 2. auch formell ist der Beweis der denkbar ungenügendste. — Zwar den Einwand, dass die behauptete Zweckmässigkeit thatsächlich nicht zutreffe, weder physisch noch sittlich, können wir bei Seite lassen. So verbitterte und krankhafte Naturen wie Schopenhauer voll ósprit, v. Hartmann, Nietzsche, Venediger, Mainländer etc. klagen diese Welt als einen jammervollen Wechsel von Elend und Langerweile, (die übrigens ein ordentlicher Mensch nie hat,) heftig an, sie lassen es sich aber in ihr ganz wohl gefallen, sie geniessen sie nach Kräften und meist mit viel sinnlicherem Behagen, wie die teleologisch gerichteten Menschen, die im Schweisse ihres Angesichtes bei Tag und Nacht und mit unaussprechlicher Freude an der von jenen verfehmten „Arbeit", den höchsten Zielen nachjagen, welche der Ernst der Pflicht ihnen auferlegt. Der Rentier und Gourmand Schopenhauer z. B. nahm Extrapost, als die Cholera in seinem Frankfurt a. M. ausbrach, aus wenig würdiger Furcht vor dem Tode. Ihn herbei zu wünschen, ja herbei zu führen, wäre doch die Consequenz seines pessimistischen Systems gewesen.[1]) Schopenhauer sagte: er wolle dieser „elenden. Weltordnung den Gefallen nicht thun," sich selbst zu tödten! So gut der Entschluss ist, er klingt doch sehr wie Ausrede. Nur Mainländer („die Erlösung") lehrt wenigstens auf dem Papiere den Selbstmord, er will ihn sogar schon in der Schule den Kindern gelehrt wissen! Wir sind schon weit herabgekommen, und die steigende Statistik der Selbstmorde bestätigt es. (Nach von Oettingen's Statistik ist Sachsen jetzt das Land in der Welt, wo man sich am meisten tödtet!) Aber selbst der heitere, humorvolle Lichtenberg (vermischte Schriften I. S. 164. II. S. 78), den unser verehrter Drobisch in seiner „Religionsphilosophie" citirt, meint, dass diese Welt so voll von Krankheiten, Missgeschicken, Erdbeben, Orkanen, Noth und Tod sei, dass man wohlgeneigt sein könnte, sie nur für das „eingelieferte Probestück eines untergeordneten Geistes anzusehen, der die Sache noch nicht recht verstand," — also etwa wie die ethnisirenden Gnostiker oder der Manichäismus.

Aber es hat keine Noth! Die Welt ist so voll der herrlichsten Kunstwerke und — trotz Allem! — auch von sittlich-religiösen Gross-

---

1) Es ist mir befremdend gewesen, dass der trotz seines Realismus ideal gerichtete Baumann, „Die Grundzüge der Religion", S. 51 ff. bei angeblich unheilbaren Leiden den Selbstmord und dann auch den Mord an Anderen zu sanctioniren scheint. Das Christenthum hat doch im Unterschiede vom heidnischen Alterthum die sittlich veredelnde, vertiefende und mächtigende Bedeutung auch des Leidens, erkennen gelehrt. Nicht der Selbstmord Christi, sondern sein frei übernommener leidensvoller Tod am Kreuze hat die Welt erlöst!

thaten, sie ist so voll der reichsten Erträgnisse an Erkenntniss und
Leben, dass wir die geistig gesunden Menschen wohl verstehen, welche
es aussprechen, dass es ihnen eine Freude sei zu leben in dieser unerschöpflich reichen Welt. Sie verstehen mit uns den Paulus, wenn
er Röm. 14,17. als das höchste im Reiche Gottes erklärt: die Freude,
die χαρὰ ἐν πνεύματι ἁγίῳ. Gewiss, die Welt hat viel Leid und
Kampf, aber was wir Uebel nennen und Unglück, ist meist das Gegentheil: Reinigung unseres inneren Menschen und Weckung und Macht
unserer im Wohlsein oft brachliegenden Kraft. Etwa die Hälfte derselben schläft, bis der Ernst des Lebens sie aufweckt. Und in der
Welt, voll von Klagen jetzt, grassirt der Vergnügungs-Teufel, der es
in ihr sich sehr wohl sein lässt. Die bedeutendsten Menschen sind
gerade durch ihre Kämpfe gross geworden, und segnen sie. Wo aber
wirklich Zerrüttung ist und Noth — und sie ist reichlich — da
sollen wir die Sünde nicht vergessen, oben und unten. Mindestens
zwei Drittel unserer Krankheiten und Verwirrungen kommen aus
unserer Sünde, persönlich oder vererbt. Mit ihr hat Gott und seine
Ordnung nichts zu thun. Die Geschichte der Welt, des Einzelnen
und des Ganzen, ist Entwickelung, arbeitsfreudiger Fortschritt vom
Unvollkommenen zum Vollkommeneren. — Der bedeutende Anatom,
der vor Kurzem uns starb, legte seinen Stab mit dem Bekenntnisse
nieder: je tiefer und wiederholter ich in den Organismus des menschlichen Leibes eingedrungen bin, desto staunender habe ich stehen ler-
nen vor der Weisheit und Schönheit der Natur unseres Schöpfers.
Die Kleinmeisterei hat oft gemeint ihn doch hie und da meistern zu
können. Auch Hertzsch versucht es wieder. Aber der Blick auf das
Ganze und das Schwinden der Unwissenheit hat sie noch immer zum
Scheitern gebracht. Nach den bisherigen Erfahrungen wird dies
immer so sein. Gerade der Special-Naturwissenschafter müsste der
grösste Pfadfinder zu Gott sein! Je ernster wirkliche Natur-Erkennt-
niss, desto mehr Gottes-Erkenntniss — von dieser Seite. Und darum: je mehr wirkliche Bildung, destomehr Frömmigkeit! .

Auch der Einwand ist ferner nicht berechtigt, den Kant gegenüber dem teleologischen Beweise erhebt, dass er höchstens zu einem
„Weltbaumeister", nicht zum „Schöpfer" führe (l. c.). Dann würde
Gott die Welt aus einer ewigen Materie, aus dem sog. Chaos gebildet
haben, und die „Unvollkommenheiten", die sich finden, müssten aus

dem spröden Stoffe erklärt werden, und das ist oft geschehen. Das ist aber bezüglich des Gottes- und Welt-Gedankens ein solches Nest von Widersprüchen, dass es hier nicht ganz ausgenommen werden kann. Da alle Materie oder besser — da es „Materie" überhaupt nicht giebt, und diese mitsammt dem Materialismus eine blosse, willkürliche, scholastische Abstraction ist, — da alle Kräfte (Dynamiden) in ihrem Wesen unzerstörbare und unveränderliche Substanzen sind, so müsste Gott, um diese Welt zu „bauen", erst den Urstoff zu einem passenden Stoffe umgeschaffen haben, wogegen der Gedanke der Schöpfung selbst ein sehr geringes Wunder sein würde. Ist Gott, so muss er nicht bloss Weltbaumeister, sondern Weltschöpfer sein.

Aber die formelle Schwierigkeit des teleologischen Beweises ist eine andere. Nach seiner Natur ist er ein inductiver, ein Erfahrungsbeweis. Wir machen die „Erfahrung", dass Zwecken entsprechende Dinge, von Geistern ausgehen, welche diese Zwecke fassen und verwirklichen. Wir wissen das Haus, die Uhr, die Lokomotive bauen sich nicht sich selbst, das Kunstwerk ist nicht Selbstschöpfung. Wir können den Bauherrn, den Künstler nachweisen. „Wo Zwecke erfüllt sind, wird gesagt, da muss ein Zwecke setzendes Wesen, also ein Geist sein. Die Welt ist voll sich erfüllender oder treibender Zwecke, wir haben sie nicht geschaffen: folglich muss ihr Schöpfer (oder selbst nur Bildner) ein Geist sein, und zwar der höchste. Und das ist Gott."

Wohl! Die Sache selbst besteht zu Recht. Aber schon die Uebertragung von der Welt auf Gott ist gewagt, und ohne andere Begründung unzulässig. Nicht wegen der Besorgniss vor dem „Transcendentalen", in welche Kant zum grossen Schaden seines Systems sich eingeklemmt. Wir kennen unsere Schranke. Aber es giebt in der organischen Welt des lebendigen Gottes nichts „Transcendentales". Die besonnene Uebertragung der Gott spiegelnden Erscheinungen im Mikrokosmus auf den Makrokosmus ist berechtigt und möglich, ja nothwendig. Aber die Induction ist schwach. Die Werke irgendwelcher künstlerischen Art können beweiskräftig nur in verschwindend geringer Zahl auf geistige Urheber zurückgeführt werden, die ungeheuere Ueberzahl derselben gehört den Natur-Gebilden an, bei welchen ein geistiger Urheber eben erst nachgewiesen werden soll. Ausserdem sind Letztere so gut wie insgesammt organische Kunstgebilde, d. h. solche, die von einem lebendigen Mittelpunkte aus (Keim oder

Zelle) sich bilden, wachsen und erhalten, während die menschlichen Kunstwerke insgesammt nur mechanische sind. Hier besteht also sogar gar kein Parallelismus. Und es gelingt nicht, die organischen Kunstwerke der Natur durch die sogenannte mechanische Weltanschauung todt zu machen. — Der Beweis ist demnach auch formal als inductiver der denkbar schlechteste. Wir tragen die wenigen Fälle, wo wir einen Künstler, einen geistigen Urheber nachweisen können, an sich und zunächst willkürlich über auf die Kunstwerke der Natur, die noch dazu ungleichartig und in ihrer Art den unseren überlegen sind. Wir suchen ja erst, und nothwendig jenseits des teleologischen Beweises, ihren Künstler, d. h. den göttlichen Geist.

Wenn aber 3. ohne Weiteres hier davon ausgegangen wird, dass der ideale Gehalt, jedenfalls der sittlichen Weltordnung und der Zusammenklang in ihr zwischen dem physischen und ethischen Gesetze, und die Verwirklichung derselben nicht blosse Thatsache sein könne, sondern ausgehen müsse von einem selber sittlichen, also geistigen Wesen, und zwar, da es das Universum beherrscht, und gemäss dem Postulate der Religion ganz beherrscht, von dem absoluten Geiste das ist Gott: so muss die Frage gestellt und beantwortet werden: woher und wie ist diese ideale Welt, das Sittengesetz, oder (da Gott sich selbst sein Gesetz ist) seine Heiligkeit, in Gott selbst? Offenbar nur als eine ohne weiteren Ursprung gegebene Thatsache: er ist der Heilige, das persönliche Sittengesetz, nur weil er ist, also nur thatsächlich! Wenn aber das, warum könnte diese Thatsache nicht schon in der kraft immanenter Teleologie geordneten Welt liegen? In dem bisherigen war noch gar kein Grund und keine Berechtigung gefunden, über die zunächst allein gegebene Welt hinauszugehen. Bei ihr stehen zu bleiben, ist dann einfacher. Dass wir ein Letztes, einen Urgrund haben müssen, bei dem es absurd ist, nach dem Woher? zu fragen, ändert hierin nichts. Denn dies in sich Gründende wäre dann eben die Welt selbst, wie es jeder Pantheismus und seine Kehrseite, jeder Materialismus, setzt. Wir kommen immer zuletzt bei nicht weiter abzuleitenden Thatsachen an. Daher sind eben alle Wissenschaften, in erster Linie mit die idealen, reale Wissenschaften: sie gehen aus von Thatsachen (inneren oder äusseren) und enden bei ihnen. Jeder Gedanke sogar ist eine Realität, eine Thatsache: der unrichtige psychologisch nur als Seelenzustand des

Irrenden, der richtige dagegen sowohl psychologisch (subjectiv) als metaphysisch in der Wirklichkeit des Gedachten. Es ist ein aus seiner Skepsis gegen das „Transcendentale" und aus seiner gesammten Erkenntnisslehre sich ergebender Irrthum Kants, dass auch der begründete Gottesbeweis nur subjectiv sei, nur für den Betreffenden Gültigkeit habe, nicht objectiv sei, nicht Geltung besitze für alle. Jeder richtige Gedanke, wenn er sich bewiesen hat, ist subjectiv und objectiv, formell und sachlich zugleich, und darf Anerkennung von allen oder Widerlegung fordern. Dass wir in das „Ding an sich" nicht hineinkönnen, und nicht anders als anthropomorphistisch von Gott denken und reden können, trägt nichts aus. Auch die Schrift scheut Anthropomorphismen und Anthropopathismen nicht, und redet doch richtig von Gott, wir müssen sie nur, nach Möglichkeit, verstehen. Diese Lage und Schranke gilt übrigens von all' unseren Gedanken und allen Dingen, sie sind dennoch für uns und alle objectiv, also auch die (richtigen) Gottesgedanken. Darauf beruht sogar die Wissenschaftlichkeit und Selbstständigkeit der ganzen Theologie. Ihre letzte (wie erste) Thatsache ist Gott, — wenn er ist. Zunächst aber ist es die gegebene Welt selbst. Der teleologische Beweis führt nicht über sie hinaus.

4) Dabei ist noch unerledigt, dass überhaupt der Gedanke „Zweck und Mittel" und ihr Dualismus nicht einmal mit dem voll und tief gefassten Gottes-Begriffe vereinbar ist. Bei Gott giebt es weder „Zweck" noch „Mittel", sie gehören nur der Kategorie der endlichen und werdenden Geister an. Gottes Leben, soweit wir es uns anschaulich zu machen vermögen, ist der Phantasie-Thätigkeit in uns am verwandtesten, von dieser aber gilt: „so sie spricht, geschieht's, und so sie gebeut, steht es da" (Ps. 33, 6.). Da ist kein Zuvorbedenken: „Zwecke-Fassen", und kein Einschieben von Mittel-Linien, die nicht selbst Zwecke wären. Wir tragen sonst unser endliches, suchendes und ringendes Denken in Gottes Denken hinein. Gerade der teleologische Beweis thut es aufs reichlichste. Gott ist nur ungetheilte Actualität, Wollen und Vollbringen in Einem, nicht bloss für uns (Phil. 2, 13.), sondern auch für sich selbst. Er hat keine „Zwecke", sondern er vollzieht nur von Ewigkeit zu Ewigkeit ihren Inhalt. In dieser ewigen Gegenwart und Gleichzeitigkeit des göttlichen Wirkens mit und in der Geschichte (Heilsgeschichte) ruht auch

allein die Lösung des alten Problems von der Vereinbarung der göttlichen Allwirksamkeit mit der ebenso nothwendigen und gewissen Freiheit des Menschen. Bei Gott giebt es, ausser wo wir anthropomorphistisch reden, kein Vorher und Nachher, also auch keine „Zwecke", und keine die Freiheit unterbindende Vorherbestimmung. Doch ist dieser Einwand mehr nur formaler Natur. Er kann hier nur angedeutet werden; denn er erfordert einen grösseren dogmatischen Hintergrund als hier gegeben werden kann. Der bleibende Werth des teleologischen Beweises ist gleichwohl ausser dem Praktischen der Hinweis und die Vorbereitung darauf, dass die Teleologie, und zwar die sittliche, der Hebel sein muss, der uns aus der Welt zu Gott emporträgt. Können wir nachweisen, dass trotz der durch den bisherigen teleologischen Beweis in ihrer Nothwendigkeit nachgewiesenen metaphysischen Harmonie zwischen Natur- und Sittengesetz, diese (lebensnothwendige) Sittlichkeit nach ihrer inneren Seite geprüft, unvollziehbar ist ohne den persönlichen Gott, so ist seine Existenz erwiesen, so gewiss die Existenz unseres eignen Lebens nicht ein Selbstwiderspruch, nicht Existenz-Unfähigkeit sein kann. Bisher war der Ausgang genommen vom Physischen und Metaphysischen, und von der metaphysischen Sicherung des Moralischen. Wir versuchen nun den Ausgang von dem Geistigsten, was wir haben: vom Ethisch-Religiösen selbst.

C. Der pneumatologische Beweis.

Die Bezeichnung „pneumatologischer Beweis" fordert zunächst eine Erklärung. Wie alle Namen, muss sie die Sache vorausnehmen und zusammenfassen. Ihr voller Sinn und ihre Berechtigung kann erst mit dem Endergebniss zur Erscheinung kommen. Aber zur Orientirung muss doch schon hier bemerkt werden, dass er auf einem Gottesbegriffe und demzufolge auf einer Weltanschauung beruht, die sich, wie oben angedeutet, gleicherweise ablehnend verhält zu den traditionellen Formen des Supranaturalismus wie des Rationalismus. Jener betont mit Recht die Weltverschiedenheit Gottes und die principielle Erhabenheit des persönlichen Absoluten über die Welt, aber er verfällt bei Consequenz in einen folgenreichen Dualismus, welcher Gott und Welt in metaphysisch und religiös unzulässiger Weise auseinanderreisst. Welt und Geschichte werden hier einschliesslich der Erlösung und Incarnation für blosse Willkür-Acte des ewigen Gottes der Liebe erklärt. Es ist der principielle Irrthum des unethischen Mechanismus eines Duns Scotus († 1308), quaestiones quodlibetales, mit seiner blossen acceptilatio. Welt und Erlösung werden so „Zufälligkeiten", welche obenso gut hätten unterbleiben können; das in Gott lebendige Universum und das Ethos des lebendigen Gottes der Liebe d. h. Gott, werden im Principe aufgehoben. Unorganisch wird nur das abstracte Wunder die Brücke von Gott zur Welt. Das verhängnissvolle ὑπερούσιον des heidnischen Neuplatonismus bleibt unüberwunden. Der christliche Theismus, der kraft des Ethos der Liebe Gott auf die Welt, wie die Welt auf Gott gerichtet sein lässt, ist aufgehoben, damit aber das positive Christenthum selbst, das λόγος σάρξ ἐγίνετο Joh. 1, 14. Der ganze Katholicismus und Clericalismus ruht auf diesem ethnisirenden Dualismus. Er ist der eigentliche principielle Unterschied zwischen dem Katholicismus und Protestantismus. Um seinetwillen muss die „Kirche", die Hierarchie, die hierarchia terrestris und cölestis, eingeschoben werden zwischen Gott, Christus und die Welt. Das Princip des Clericalismus ist also heidnische Metaphysik. Er braucht eben eine Brücke zwischen Himmel und Erde, „Diesseit und Jenseit", Gott (Christus) und Welt. Und diese schafft er sich, zu seinem grossen weltlichen Vortheil, durch Einschieben der „Fürbitterin" Maria, durch die Scala der Heiligen, durch das Mittlerthum der die Gewissen bindenden und an sich nehmenden Priesterschaft, einschliesslich des angeblich „infallibeln" Papstes. Dieser ist im Grunde dann allein die wirkliche Gegenwart des ja weltjenseitigen Gottes und Christi. Folge ist die Veräusserlichung und Anmassung des Eigenverdienstes durch Werke. Sie sollen den Himmel erobern und das Fegfeuer löschen. Dem Letzten nach ruht das Alles in jenem platonischen Dualismus. Auch der Ausdruck „supranatural" ist ungeschickt. Wo, auch in der Natur, Alles lebt und webt in dem lebendigen, allgegenwärtigen Gotte, kann von einem extra oder supra naturam nicht die Rede sein. — Dieser dagegen, der Rationalismus, ist seinem strengen Begriffe nach die Autonomie-Erklärung des auf sich selbst gestellten menschlichen Denkens, Wollens und Handelns. Er ist nicht bloss unfromm, sondern auch ungeschichtlich und widersinnig. Er braucht Gott nicht mehr, — daher die Versandung aller Religion und Kirchlichkeit in diesem Rationalismus, — denn was er soll, kann er durch sich selbst. Aber Niemand kann, auch wenn er wollte, herausspringen aus den geistigen Mächten seiner physischen Anlage, der Erziehung und Umgebung, der Geschichte und Offenbarung, d. h. aber: Niemand ist „autonom", ausser durch Selbsttäuschung. Die ganze Anschauung ist eben ungeschichtlich und unwahr, sie ist irrationell.

Hiernach muss Ersatz gesucht werden, und dies ist der „Pneumatologismus", — benannt nach 1. Cor. 2, 9 u. 10 und allen den Stellen, in welchen das testimonium spir. s. internum zum Ausdrucke kommt: Röm. 8, 16. 9, 1. 1. Joh. 5, 6. 10a. Er ist seinem Wesen nach überall das Letztentscheidende. Denn er ist diejenige Weltanschauung, welche die Durchdringung und Vermählung des göttlichen Geistes ($\pi\epsilon\tilde{v}\mu\alpha$ $\ddot{\alpha}\gamma\iota o\nu$) und des in Seiner Kraft sich frei bethätigenden menschlichen Geistes zur Grundlage nimmt, — die von Ritschel mit Unrecht verfehmte unio mystica. Ohne Mystik keine Religion. Gott und Mensch (Welt) sind sich hier principiell reciprok, aber die Initiative gehört dem lebendigen, persönlichen Gotte, der gratia praeveniens. Die Anschauung setzt also den persönlichen Gott voraus. Können wir ihn ergreifen und gewiss machen auch wissenschaftlich? Können wir seine Immanenz und Transcendenz zugleich uns wissenschaftlich sichern und dadurch die Grundlage gewinnen für diese unio mystica? für die Pneumatologie? — das ist die Frage.

Sie muss ihre Antwort zerlegen in den Ausgang vom Sittlichen und vom Religiösen, — in dieser Ordnung, nicht umgekehrt; denn der Mensch hat zunächst nur sich selbst: das Ethische ist also das Erste im Erleben und in der Entwickelung des Menschen: der Wille zum befriedigten, seligen Leben, der ohne Gott sich nicht realisiren kann. Dies führt zur Religion. Und in dem Sittlichen und Religiösen erschöpft sich das ganze geistige Leben. Alles Andere ist nur Geleit und Entfaltung.

Hiernach zerfällt die Beweisführung in eine sittliche und religiöse.

I. Der ethische Beweis.

$\Delta\acute{o}\varsigma$ $\mu o\iota$, $\pi\iota\sigma\tau\tilde{\alpha}$! Beweisen ist: e re certa incertam confirmare. Wir haben folglich ein in sich Gewisses und allgemein Feststehendes zum Ausgange zu nehmen, und da wir für die systematische Wissenschaft eine blosse äussere Auctorität ablehnen, das Resultat der Untersuchung aber anerkannte Gültigkeit für Alle anstrebt, so muss der Ausgang eine innere Thatsache sein, welche zugleich allgemein und unfraglich als solche feststeht.

Eine solche Thatsache giebt es aber nächst dem noch ganz abstracten cogito ergo sum, nur Eine: es ist die Anerkennung der Sittlichkeit und der Verpflichtung für sie als Lebensbedingung für Alle. Sie ist Naturgesetz des Geistes, der Inhalt des cogito ergo sum. Wenn auch, wie jetzt von Massen, die Nothwendigkeit der Religion theoretisch wenigstens in Frage gestellt und geleugnet wird: von der Nothwendigkeit der Moral geschieht dies nie und nirgends. Geschieht es dennoch in einzelnen verrotteten Individuen, wie am meisten annähernd im Anarchismus, so erhebt sich gegen dieses aus dem Missbrauche der Freiheit stammende Verbrecherthum in dem Verbrecher selbst das unüberwindbare Gewissen, bis der völlige geistige Tod und endlich die innere und äussere Selbstvernichtung eingetreten ist, und draussen der Staat mit seiner Strafordnung, die Kirche, die ganze Gesellschaft mit all' ihren geistigen und physischen Mitteln. Sie weiss es instinctiv und erfahrungsmässig, dass mit dem Ruin des unsittlichen Menschen immer auch und unverbrüchlich zuletzt der Ruin der ganzen Gesellschaft verbunden ist, sobald diese Gesinnung und Handlungsweise die weiteren Kreise ergreift. Auf dieser Gewissheit ruht der Ernst und die Pflicht der Seelsorge und ev. der Straf-Action des Endgerichts. Sie kommt aus dem Selbsterhaltungstriebe, der aus Gewissen und Erfahrung weiss, dass der Einzelne und das Ganze ohne Achtung und Wahrung der moralischen Ordnung unausbleiblich zu Grunde geht. Das ist eben Naturgesetz, so sicher stehend, wie dass 2 $\times$ 2 nicht 5 ist, sondern 4, nur mit dem Unterschiede einer ganz anderen Bedeutung für das Gesammtleben. Die Nothwendigkeit der Moral ist Axiom. Ihr Inhalt kann ein sehr verschiedener sein, aber da muss eine sein; ihr Inhalt und Werth wird gemessen an dem individuellen und allgemeinen Gewissen, und das misst sich zunächst und elementar immer an der inneren und äusseren Erfahrung, ob eine Gesinnung und Handlungsweise zur Lebens-Förderung oder -Hemmung, zur Verwirrung oder Richtigstellung und Klärung führt. Das Eudämonologische ist daher unumgänglich. Es ist für den natürlichen Menschen die nächste und einzige Grundlage für die Werthmessung einer Gesinnung und Lebenshaltung. „Wie werde ich glücklich, selig?" ist die Grundfrage. Nicht ohne tiefen Grund beginnt Christus seine Bergpredigt mit den „Seligpreisungen", μακάριοι οἱ —, und aus dem Ringen nach Leben und „Seligkeit" ist Luther zum Reformator geworden, ist alles Grosse geboren. Die Meinung Kant's, dass die „Pflicht" ohne jedes eudämonologische Element, ja mit dessen Ausschluss, neben dem „Glückseligkeitstriebe" das principielle Fundament sei, ist zwar edel und schliesslich die durchgebildete sittlichreligiöse Stellung des Christen, aber als allgemein gültige Bestimmung des Anfanges ist sie Erfahrungs- und Lebenswidrig, sie würde den Pflicht-Trieb selbst ohne Wurzel und Inhalt lassen; sie führt von Gott ab, statt zu ihm, weil sie in tiefem Missverständniss die „Pflicht" und das „Gesetz" selbst zu Gott macht und mit der angeblichen Kraft ausstattet, sich durch sich selbst zu erfüllen. Im richtigen Gefühle davon hat selbst Kant gegen alle seine sonstigen Principien das Eudämonologische in das Sittliche eingeführt, — allerdings unter dessen fortgehender Ableugnung. Er baut viel — Gott und die Unsterblichkeit! — auf auf den Dualismus des Grundtriebes: „Sittlichkeits- und Glückseligkeits-Trieb". In Wahrheit ist in jedem Menschen der Letztere das Erstere, einschliesslich des ebenda wurzelnden Erkenntniss-Triebes. Es gilt gegen das Stoisch-Kantisch-Fichtische Eliminiren des Eudämonologischen als angeblich unsittlich das Horatianische: Naturam expellas furca, tamen usque recurrit. Die in den Reden höchster Ethik bei Christo selbst wiederholt vorkommende Hinweisung auf den Lohn, auf den μισθός des Guten und Frommen oder dessen Verlust, als Antrieb des Guten, gehört ebendahin. Wie man physisch bei Pflanzen und Thieren, und selbst bei mechanischen Einrichtungen, zunächst keinen anderen Massstab hat, um zu erkennen, was ihnen naturgemäss und bei Einrichtungen das Entsprechende ist, als dass sie unter der gewählten Behandlung, in den gewählten Boden-, Luft-, Licht- und Temperatur-Verhältnissen, gedeihen, ebenso ist es bei den Menschen. Das Sittengesetz und seine Erfüllung ist für ihn darum Naturgesetz, weil Jeder erfährt und weiss, dass für ihn Sein oder Nichtsein, Glück oder Verderben davon abhängt. Und Niemand, nicht einmal der Pessimist, will elend und unglücklich sein, sondern das Gegentheil. Daraus folgt aber, dass es erfüllbar sein

muss, wenn der Mensch nicht ein Selbstwiderspruch und die Verneinung
des Lebens mit ihren mörderischen Folgen, das Rationale und „Sittliche"
sein soll. Letzteres ist so naturwidrig, dass es immer selber schon
auf eine Störung des gesunden geistigen Lebens hindeutet, sich in ihm
als Princip, ein ἀνήρ ἀνέλπιστος, ansiedeln zu wollen, oder auch nur
eine eingehendere theoretische Widerlegung seis zu fordern seis zu
geben. Das Letztere ist nicht schwer. Das tägliche Leben der Gesammt-
heit corrigirt das schon, und selbst der Pessimist, der das „Elend"
als das Naturgesetz dieser Weltordnung proclamirt, und sie deshalb
anklagt, bekennt mit dieser Anklage selbst, dass er seiner Natur nach
das Wohlsein will und erstrebt. Selbst das Thier läuft vor dem
Schmerze und Tode davon mit Einsetzen seiner ganzen Kraft, weil
ihm das Gegentheil „Unnatur" wäre.

Jeder will zur Seligkeit, — zur Sittlichkeit! er muss zu ihr
kommen können, oder er geht unter. Darum hat schon der teleologische
Beweis oben ihre Möglichkeit gesichert durch die lebensnothwendige
Harmonie zwischen dem sittlichen Wollen und Thun einerseits und
der physischen Weltordnung andererseits.

Aber das ist nur die Aufhebung einer Gefährdung und Schranke
draussen: sie führt eben nicht zu Gott als Person. Es gilt eine
weit grössere und gefährlichere Schranke zu beseitigen: die innere
Schranke der Sittlichkeit und der Kraft für sie. Was macht die
Aufhebung der Schranke draussen, wenn die Sittlichkeit innerlich und
in sich selbst unmöglich ist? Und dass sie da nur möglich ist durch
den Glauben an den persönlichen Gott, und dadurch die Sittlichkeit überhaupt, dieser Erweis wird nun zu erbringen sein.

Seine Basis ist eine apagogische, wie sie Paulus Röm. 1—3, 20.
verwendet, gegenüber dem Heidenthume und dem Judenthume: Das
Sittengesetz und seine Erfüllung muss möglich sein, so gewiss der Mensch kein Selbstwiderspruch ist. Es kann aber
nicht zu seiner Erfüllung gelangen ohne den persönlichen
Gott. Denn wäre der persönliche Gott nicht, so wäre nur der
Versuch einer dreifachen Begründung und Ermöglichung des Sittengesetzes denkbar, und alle drei versagen, sobald sie einer Prüfung
unterzogen werden. Wir versuchen sie.

1.

Der erste Schritt.

Ist kein persönlicher Gott als Gesetzgeber und Wahrer des
Sittengesetzes, so könnte dieses in sich selber gründen und durch
sich selber sich realisiren wollen. Das ist im Alterthum bis herun-
ter zur Gegenwart ungemein häufig versucht worden (so die Stoa,
Kant, Fichte etc.), und zwar selbstverständlich immer nur von den
edelsten Praktikern und Denkern. Das Gute soll aus Liebe zum
Guten geschehen, die Pflicht aus Liebe zur Pflicht, das Sittengesetz
aus Verehrung und Liebe für das Sittengesetz. Ein weiteres Princip
für seine als nothwendig anerkannte Verwirklichung soll nicht nöthig
sein, ja eine eudämonistische Verunreinigung der immer selbstlosen
Sittlichkeit in sich tragen. Das Gesetz realisirt hier sich durch sich
selbst. Eine wahre Apotheose der „Pflicht", ein „Gebet" an sie, trat
uns oben bei Kant, „Kritik der praktischen Vernunft" p. 200 entgegen. Das Gute, das Wahre, das Schöne soll unsere Begeisterung
sein und Kraft, — gewiss, gegenüber der durchschnittlich mächtigen
Gemeinheit und Selbstsucht in der Welt, eine erhabene Gesinnung,
über die wir uns freuen könnten, wenn sie möglich wäre.—Aber
sie ist theoretisch widersinnig, und darum auch praktisch nichtig.
Sie beruht auf einer folgenreichen Selbsttäuschung und sittlichen
Phrase, die weder vor dem Leben noch vor der Wissenschaft Stich
hält. Gesetz und Pflicht nämlich kann Niemand „lieben." Die Liebe,
die allein zum „selbstlosen" Denken und Handeln führt, ebenso die
„Achtung und Verehrung", ist ihrem Wesen selber nach nur möglich
gegenüber einem geistigen, sittlichen Wesen, nie gegenüber einer Sache,
einem Neutrum, nie gegenüber einem Unpersönlichen, wie es „Gesetz"
ist und „Pflicht". Liebe und Achtung geht stets nur von Person auf Person.
Ein Selbst, ein Ich, ein „sich selbstinnerliches" Wesen, wie wir es oben
nannten, — eine Person kann sich hingeben und relativ aufgeben
nur an ein Selbst, an ein Ich, an ein Wesen, das Selbstzweck sein
kann, weil es selbst ein Selbst ist, an ein Anderes nicht.

Der Mensch — und jeder Geist, auch Gott, wenn er Geist
ist, — ist seinem Wesen nach Wille, alle anderen inneren Erfahrungen und Bethätigungen sind nur Modificationen des Wollens, —
auch das Denken ist eine solche, es ist die Folge und Erscheinung
des Willens, Unerkanntes zu erkennen, Undeutliches zu lichten,

Verworrenes zu sichten. Die höchste ethische Form des Willens aber ist die Liebe. Sie ist diejenige Stimmung und Bethätigung des Willens-Lebens, welche auf Grund des eigenen Wesens — der unverbrüchlichen Egoität — und des Wesens dessen, der geliebt wird, das Heil und Wohl des Geliebten zu ihrem Selbstzwecke macht, mit der ungesuchten, aber kraft der ethischen Weltordnung immer erfolgenden Wirkung der Selbstbefriedigung dessen, welcher liebt. Und das ist der Grund, weshalb die Liebe stets nur auf ein persönliches, sittliches Wesen geht, das Selbstzweck sein kann, und nur von ihm aus motivirt wird. Auch im Leben (nicht in der falschen Theorie) liegt es nie anders. Die populäre Redeweise, die auch in die Wissenschaft sich eingeschlichen hat, nach der man auch Unpersönliches „liebt" — etwa Blumen, Pferde, die schöne Gegend etc. das Gute! — verwendet nicht die Liebe im ethischen Sinne, welche allein sittlichen Werth hat, sondern meint nur das Erfahren von Selbstbefriedigung an dem „geliebten" Gegenstande, gehört also in die (vielleicht erlaubte) Kategorie des Egoismus, von dem gleich zu reden sein wird. Auch die sog. „Liebe zum Guten, zur Pflicht, zur Gesetzerfüllung", ist hier nur und kann nur sein die Selbstbefriedigung, ein guter, ehrenwerther Mensch zu sein, ist also nicht Liebe eines Anderen, sondern Selbstliebe, vielleicht — obwohl keineswegs immer — in edlerer Richtung und mit edlerem Gehalte. Ebenso würde, wie bemerkt, „Achtung und Verehrung" nur gegenüber einem sittlichen Wesen, einer Person also mit Freiheit und Selbstleistung empfunden werden, und ist nie anders da. Man kann ein Pferd, eine Blume etc. nicht „achten."[1]

---

[1] Kant erkennt das selber an bezüglich der „Achtung", — man kann keinen Baum achten, weil er seine „Pflicht" thut, Früchte zu tragen. Im Uebrigen aber geht K. aus bekannter Furcht vor „pathologischer" d. i. lebenswirklicher Egoität und Eudämonologie um die Sache herum, l. c. S. 237: „Achtung, und nicht Vergnügen oder Genuss der Glückseligkeit ist etwas, wofür kein der Vernunft zu Grunde gelegtes (?) vorübergehendes Gefühl, (weil dies jeder Zeit ästhetisch und pathologisch sein würde), möglich ist, und Bewusstsein der unmittelbaren (?) Nöthigung des Willens durch Gesetz ist kaum (?) ein Analogon des Gefühles der Lust, indem es im Verhältnisse zum Begehrungsvermögen gerade ebendasselbe, aber aus anderen Quellen thut. Durch diese Vorstellungsart aber kann man allein erreichen, was man sucht, nämlich dass Handlungen nicht bloss pflichtmässig (angenehmen Gefühlen zur Folge), sondern aus Pflicht geschehen, welches der wahre Zweck aller

Nur die Liebe zum (Sitten-)Gesetze kann dessen wahre und befriedigende Erfüllung bringen. Das unpersönliche „Gesetz" aber, der νόμος, ist kalt, todt, liebelos. Es kann an sich nicht einmal das Recht seiner Forderungen an unsere Selbstverleugnung und Kraftentwickelung begründen, es hat an sich gar kein Recht an uns. Es liebt uns nicht, dass wir es wieder „lieben" könnten, denn es lebt und „liebt" überhaupt nicht, und knechtet nur unsere Freiheit. Wenn wir es aber erfüllen sollen um des Nutzens willen, der durch seine Befolgung unserem Leben zuwächst, so ist das wiederum nur Egoismus, nicht „Liebe zum Gesetze", und der wird sich als das Gegentheil der Sittlichkeit erweisen.

Die Phrase des Spinoza: potentia est virtus, und virtus est potentia, löst gar nichts: denn es fragt sich eben woher die Kraft, die potentia, zur virtus überhaupt kommen soll. Aus dem spinozistischen Naturgesetze kommt sie nicht, und die virtus für factisch in der Natur durch die Natur realisirt zu erklären, widerspricht bei einigem sittlichem Anspruche der thatsächlichen Weltlage und hat zu seiner Voraussetzung die Aufhebung der Freiheit. Damit ist aber die Sittlichkeit selbst aufgehoben.

Namentlich auch Paulus hat die ganze Kraft seines Geistes und Lebens eingesetzt, um zu beweisen, dass das kalte todte Gesetz, der νόμος, die הרות, ohnmächtig ist das Leben des Heiles und seiner innern Erfüllung zu ermöglichen. Davon wird noch am Schlusse zu reden sein. Weil das Gesetz seinem ganzen Wesen nach uns fremd ist, reizt es uns zum nitimur in vetitum, und wird damit unser Verderben. Wenn Paulus verstanden worden wäre, so würde der abstracte Moralismus eines Spinoza, Kant, Fichte u. s. w. nicht möglich gewesen sein. Aber wie nach dem Obigen der ehrwürdige Kant die „Pflicht" unbewusst personificirt und zu ihr betet, so endet Spinoza seine abstracten propositiones und corollaria in der ethice pars V. prop. 15 mit der Forderung amare deum, prop. 16 mit dem Satze amor erga deum mentem maxime occupare debet, und prop. 35: deus se ipsum amore intellectuali infinito amat. Dass eine blinde, „absolute und

_____

moralischen Bildung sein muss." — Das ist ein wahrer Eiertanz zwischen einem abstracten kalten Moralismus und dem doch nicht ganz ausscheidbaren Eudamonologischen.

inhaltlose Causalität" weder sich noch Andere lieben noch von Andern
geliebt werden kann, das entgeht dem kalten, sonst so consequenten
Denker. Er geräth mit seinen äusserlichen „mathematischen Formeln"
trotz edlerer Gesinnung in die Bahnen des krassesten Materialismus
wider Bewusstsein und Willen. Aber auch der amor intellectualis
ist da, und ist sogar der Gipfel des Ganzen. Für den, der weiss was
Liebe ist, bricht damit das ganze System zusammen.

Fassen wir zusammen:

Das (Sitten-) Gesetz liegt vor, ist unverbrüchlich, es ist unser
Ruin, wenn und soweit wir es nicht erfüllen, denn sein Inhalt ist gut
und Lebensbedingniss (Röm. 7, 12: ὁ νόμος ἅγιος καὶ ἡ ἐντολὴ ἁγία
καὶ δικαία καὶ ἀγαθή): das Gesetz, ein todter liebeloser Buchstabe, kann
folglich die Liebe nicht entzünden, welche allein und voll die Kraft zur
Erfüllung des Gesetzes giebt. Entweder ist also der Mensch eine
sich in sich selbst widersprechende Thatsache, Widersinn, oder das
Sittengesetz ist persönlich, ist Manifestation der absoluten heiligen
Liebe selbst, die fordert, weil sie liebt, die uns zuerst geliebt hat,
und darum wieder geliebt werden kann. Das „Gesetz", „die absolute
Idee", „das reine Sein", das οὐκ ὄν oder μὴ ὄν, „die (blinde) absolute
Causalität" und alle entsprechenden Abstractionen verschwinden damit
als Einbildungen des nur logicalen Verstandes. An ihre Stelle tritt
der ewige lebendige Gott der Liebe, die selbstverständlich persönlich
ist. Das sog. „Causalitätsgesetz" der Natur, mit dem jetzt viel scholasti-
sirender Götzendienst getrieben wird, schliesst Gottes („persönliche")
Causalität nicht aus, sondern ein, und wird ohne ihn ebenso unverständlich
wie die Thatsache der Freiheit. Wundt fordert mit Recht neben der
Causalität der Natur die Causalität der Freiheit. Aber diese selbst fordert
Erklärung und Ermöglichung, und diese ist nur der lebendige Gott.

Der persönliche und damit weltverschiedene Gott ist nach
diesem Allen schon eine ebenso sichere Thatsache, wie die Thatsache
des ethischen Menschen selber. Sie kann ohne jenen nicht verstanden
und nicht vollzogen werden. Gottes Persönlichkeit und Wirken tritt
damit unter die Naturgesetze der Welt; ihr gesammtes Leben und
Sein ist ohne ihn nicht verständlich. Denn die von ihm in irgendwelchem Bezuge und irgendwelchem Geschehen isolirte „Natur" ist
eine blosse Abstraction ohne Wirklichkeit. Es giebt keine solche
„Natur", so viel wir jetzt von ihr hören.

Die Aussage 1. Joh. 4, 8. 16: $\vartheta\epsilon\grave{o}\varsigma\ \grave{\alpha}\gamma\acute{\alpha}\pi\eta\ \grave{\epsilon}\sigma\tau\acute{\iota}\nu$, ist damit auch wissenschaftlich aufgeschlossen.

2.

Der zweite Schritt.

Aber doch kann die Erfüllung des Sittengesetzes vielleicht ohne Gott begründet werden, wenn wir auf uns selber zurückgehen, und uns selber unmittelbar zum Motive und Ziel unseres sittlichen Handelns machen. Dann wird nicht die „Gesetzes- oder Pflichtliebe", sondern die Selbstliebe das Princip, — der Egoismus ist proclamirt als Character und Seele der Sittlichkeit.

Alle pantheistischen und pantheisirenden Systeme wie der gesammte Materialismus sind gezwungen, offener oder verschämter auf dieses Princip zurückzugreifen, so consequent Ludw. Feuerbach, und drastischer Max Stirner: „der Eine, der Einzige und sein Eigenthum", er erklärt den für einen „Pfaffen", der noch von Liebe redet. Allerdings jeder liebt, aber nach Stirner, nur sich selbst! So im Kerne auch Ferd. Lassalle, K. Marx, Engels. Die Massen der Socialdemocratie und ihre Führer, die Epigonen der Genannten, stehen auf diesem Boden. Das wird, wie fast Alles da, als praktischer und sittlicher Dilettantismus angesehen werden müssen. Aber praktisch ist es einflussreich und drohend genug, und noch viel wichtiger ist, dass dieser Egoismus überhaupt in unserem täglichen, öffentlichen und privaten Leben vorhanden ist, wie kaum zuvor. Schon jedes Kind ist ein geborener Egoist. Es meint, dass Alles um es her nur ihm und seiner Genüge dienen müsse. Nur ganz allmälig kann es zur Selbstbescheidung und Selbstentsagung erzogen werden. Und diese Erziehungsbedürftigkeit dauert durch das ganze Leben. Ausser Einem, wird kaum von einem Menschen gesagt werden können, dass er ganz frei von Egoismus sei, und kaum wird je der Wiedergeborene und Geweihte, und er bei seinem sittlichen Ernste sogar am wenigsten, von sich zu sagen wagen, dass er den Sauerteig des Egoismus ganz schon aus sich herausgefegt habe. Ueberraschend und demüthigend hängt er oft unseren edelsten Gedanken und einflussreichsten Handlungen an. Der Ethiker und Jurist, der Historiker und Anthropolog, der Staatsmann und Seelsorger, der Erzieher und Leiter von grossen oder kleinen Kreisen, wird stets fehlgreifen, und handelt er selbst, als schlechter

Menschenkenner und unpraktisch erfunden werden, wenn er nicht überall diesen Factor als einen ganz wesentlichen im Auge behält. Solche allgemein wirksame Factoren sind aber nie „zufällig" da. Sie lassen sich auch nicht durch die allgemeine Rubricirung „Sünde" abthun, neben ihrer verwüstenden negativen Bedeutung haben sie vielmehr stets auch eine positive Wurzel, welche aufgegraben werden muss, wenn die Erscheinung richtig verstanden und in die Bahnen ihrer Ueberwindung mit Erfolg geleitet werden soll. Sie haben mehr oder minder sogar eine principielle Bedeutung, welche stehen bleiben und anerkannt werden muss.

Es ist darum auch unzureichend, nur auf das unmittelbare Gefühl Beruf zu nehmen, welches in allen Besseren sich gegen den Egoismus auflehnt als eine Gemeinheit. Dieses sogenannte „unmittelbare Bewusstsein" hat uns schon manchmal mit Unwissenschaftlichkeit und Verflachung bedroht. Wir müssen auch hier ihm gegenüber sehr vorsichtig sein.

Allerdings, der Egoismus ist eine „Gemeinheit", er ist es schon darum, weil keine sittliche Leistung dazu gehört, ein Egoist zu sein. Er ist, wie bemerkt, mit dem natürlichen Menschen gegeben, von der Geburt her und wurzelt selbst vor ihr. Aber er hat auch ein positives Element. Es liegt ihm zu Grunde der sittlich nicht bloss zulässige, sondern geforderte Trieb der Egoität, das principium individui, noch abgesehen von dem Rechte eines Jeden auf das möglichste Wohlsein. Er ist in den parallelen Erscheinungen ein Gesetz sogar der ganzen physischen Welt. Das wichtige Gesetz der „Erhaltung der Kräfte" beruht darauf. Und von einem Gewichte, das gar nicht grösser sein kann, ist die Wahrung der Egoität, der individuellen Eigenthümlichkeit, auch im geistigen Bereiche. Ohne ihre Wahrung werden wir Nullen, verlieren die Befähigung, einen inhaltvollen und originalen Beitrag zu geben zur Lösung der Aufgaben des Lebens, in dessen Mitte wir gestellt sind, — und Jeder kann das und soll es, denn Jeder ist von Haus aus ein Original, ein Unicum, und soll es bleiben und entwickeln. Ohne diese Wahrung der Egoität werden wir nicht nur ohnmächtig zum Leisten, sondern Carricaturen unserer selbst, denn Niemand kann etwas Anderes, Gesundes sein, als das, was er ist und wozu er von Gott ausgerüstet war. Und diese Wahrung seines Selbst ist schwer, besonders jetzt gegenüber der Alles nivellirenden modernen Zeit, — einschliesslich der jetzt so gern nach der pädagogischen „Schablone" arbeitenden Schule, — gegenüber einem jesuitischen Hierarchismus, der die Freiheit der Entwickelung untergräbt, dressirt statt bildet, selbst das Gewissen aus der Seele nimmt und in den Beichtstuhl verlegt, — gegenüber endlich und namentlich der nach dem Principe der Trägheit tief in uns allen wurzelnden Bequemlichkeit, Andere für uns denken, wollen, und handeln zu lassen und nach der Tradition nur und Formel zu leben. Diesen Egoismus der Egoität sollen wir, statt ihn zu tadeln, anerkennen und wecken, auch wenn für die politische und kirchliche Gesellschaft daraus manche vorübergehende Schwierigkeit erwächst. Denn originelle und frei sich bethätigende Geister sind immer schwerer zur Vereinigung und Ausgleichung zu bringen, als die unselbstständigen und geknebelten. Und ist es gelungen, dann ist die Ausgleichung eine tiefere, inhaltsvollere und nachhaltigere als die jener Anderen. Das Princip dieser Egoität, die freie, originale Individualität, die fides specialis, ist das Princip des ganzen Protestantismus, und damit einer neuen welthistorischen Zeit. Manche Erscheinungen des Selbstständigkeitstriebes, die uns jetzt Mühe machen, hängen unleugbar mit diesem Principe der Individualität, der innern Befreiung und Bildung zusammen. Wir wollen ihre Ansprüche in den normalen Schranken zu halten suchen, welche die Einordnung jedes Einzelnen in die Bedürfnisse und Rechte des Ganzen ziehen. Aber protestantisch zumal würden wir dem Berechtigten hier nur mit Inconsequenz und zum Ruine des Ganzen uns entgegenstellen können.

Aber der Egoismus, welcher in den bezeichneten Kreisen und überhaupt in die Massen der Ungebildeten und Gebildeten uns überall entgegentritt, hat mit dieser berechtigten Egoität nichts zu thun. Er macht nur oder doch in erster Linie den eigenen Nutzen zum Massstabe des Handels und Wandels, ohne Rücksicht auf das Bedürfniss und Recht der Anderen, mit denen er lebt. Er stürzt schon an den zerstörenden und selbstmörderischen Consequenzen seiner Principien und deren Handhabung, und das ist stets ein Zeichen von Naturwidrigkeit und Unsittlichkeit. Da bei diesem Principe Jeder nur seinen eigenen Nutzen sucht, so führt er zu dem bellum omnium contra omnes des Hobbes. Und wenn der Egoist dennoch aus Egoismus das Bedürfniss und Recht des Anderen beachtet, weil er sich sagt und erfährt, dass er ohne Dieses selber nicht fortkommen könne, und dass er nur dann das

Gleiche von dem Andern erwarten dürfe, so löst er, auch abgesehen von dem Gefühle Gemeinheit, das ihn bei jeder Handlung begleitet und unter sich selbst erniedrigt, dennoch alle Bande der Gemeinschaft auf. Da nämlich der Andere gemäss dem proclamirten und leicht erkennbaren Principe weiss, dass der Andere auch bei den Wohlthaten an ihm nichts im Auge hat als den eigenen Nutzen, keine Gesinnung, keine Liebe für ihn hegt, und ihn schädigen wird, sobald der eigene Nutzen dies an die Hand zu geben scheint, so wird er nicht nur in stetig beobachtendem und abwehrendem Misstrauen ihm gegenüberstehen, sondern auch aller Dankbarkeit und Verpflichtung gegen ihn sich ledig finden. Er weiss ja, dass der Andere nichts um seinetwillen gethan, sondern nur um seiner selber wegen. Im besten Falle wird also die Gesellschaft eine Sandstreubüchse lose und „zufällig" rollender Atome sein ohne inneren Zusammenhalt, und da das egoistische Princip das Ganze durchdringt, so wird Alles aufgelöst: die Familie, die Kirche, der Staat, die Ehe, das geschwisterliche Verhältniss, die Freundschaft. Jede gesunde Wechselwirkung zwischen den Geistern hört auf, und sie allein macht existenzfähig und reich. Denn Jeder strebt im Egoismus zur Isolirung und zum Sich-frei-Machen von dem Andern, splittert auseinander und wird gegenseitig nur ein Verhältniss des sich möglichst Uebervortheilens und Bekämpfens. Das scheint Kralik: „Weltgerechtigkeit. Versuch einer allgemeinen Ethik, 1894" wieder zum „ethischen" Principe erheben zu wollen, mit seiner „manirirten blutrünstigen Reckenhaftigkeit", die allgemeines gegenseitiges Sich-Todtschlagen als „sittliches" Ende voraussagt, und das gleiche en miniature inzwischen normal findet. Wir sehen jetzt theoretisch und oft schon auch practisch sonderbare Sachen vor uns! Wo dies nicht die Wirkung ist, da ist stillschweigend ein anderes Princip als das des Egoismus untergeschoben. Das durchgeführte Princip wäre Ruin des Einzelnen und des Ganzen, es raubte die höchsten und reinsten Freuden, d. i. die selbstlos einem Anderen erwiesene Liebe, und ist überdem durch und durch erfahrungswidrig. Jeder ächte Ehegatte, jede Mutter und jeder Vater, die durch reciproke Liebe mit ihren Kindern verbunden sind, jeder Patriot und glaubensfreudige Mensch weiss, dass es eine selbstlose, opferfreudige Liebe giebt, nur an ihr sich Gegenliebe entzündet, und dass sie allein die wahre Beherrscherin und schliessliche Siegerin ist. Nur die Liebe beglückt, nur sie schenkt reine Freude

und Kraft. So viel Liebe, so viel Macht! Gott selber ist der All-
mächtige und Allsegnende nur, weil er der Allliebende ist. - Christus
wurde der Erlöser für Alle, weil er nichts für sich, sondern Alles
für Andere lebte, was er lebte und litt.
Der Egoismus ist stets schliesslich das Unglück des Einzelnen
und des Ganzen, die Zerstörung aller sittlichen Verhältnisse, seine
Selbstzerstörung. Physisch und geistig ist er die Höhe des Unsittlichen.
Das Cardinal-Unsittliche kann aber nicht das Princip und die Kraft
des Sittlichen sein. Das wäre Widersinn! Auch dies Motiv versagt also!

3.
Der dritte Schritt.

Vielleicht thut es endlich die Nächstenliebe? — das Einzige,
was, wenn es die Liebe zu Gott nicht ist, für die Begründung des sittlichen Handelns noch in Betracht kommen könnte. Hier geht allerdings
die Liebe von Persönlichem auf Persönliches. Es scheint die Möglichkeit gegeben, dass die Liebe an Liebe sich anzünde ohne ein höheres
Princip. Schopenhauer hält nach seinem pessimistischen Standpunkte
und Atheismus hier sogar das „Mitleid" für das ausreichende Princip.
Nur weiss er nicht zu sagen, woher das „Mitleid" selbst uns sittlich
kommen soll? Wenn daraus, dass wir uns sagen: „wie würde es
dir sein, wenn du in derselben misslichen Lage wie der „Nächste" von
der Gesinnung und That des Mitleidens Anderer verlassen wärest?" —
so „bemitleiden" wir nicht eigentlich den Anderen, sondern uns selbst
in der gedachten gleichen Lage. Das ist dann unter dem Scheine der
„Nächstenliebe" nichts Anderes als der widerlegte Egoismus. Zudem
ist das „Mitleid" ein so krankhaft einseitiges und beschränktes Princip,
dass es nicht einmal die thatsächlichen Pflichten gegen den Nächsten
umfasst und erschöpft.
Aber auch die wirkliche Nächstenliebe kann ohne den persönlichen Gott der Liebe nicht begründet und nicht ermöglicht werden. Denn
1) Laut Sittengesetzes und cultureller Erfahrung hat sich die
Nächstenliebe durchaus nicht bloss auf die zu erstrecken, welche wir
kennen, welche uns zuvor Liebe erwiesen haben, und an deren Liebe
deshalb unsere eigene sich entzünden kann, sondern sie bezieht sich
auch auf den völlig Unbekannten, der unserer Hilfe bedarf. — Die
Parabel vom barmherzigen Samariter Luc. 10, 30 ff. zeichnet das

wunderbare zarte Vorbild dafür, — sie bezieht sich sogar auf den Gegner und Feind (Matth. 5, 45 ff), der nach seiner ganzen Gesinnungs- und Verhaltungsweise gegen uns ethisch-psychologisch das Gegentheil von Liebes-Gesinnung und That bedingen würde. Die tägliche Lebens- erfahrung zeigt dies auch am Durchschnitt der Menschen, sobald sie nicht vom Geiste Dessen wiedergeboren sind, der noch am Kreuze für seine Feinde betete. Schelling äussert einmal: die moralische Weltordnung enthalte eine Anzahl von „Paradoxien", zu diesen „Para- doxien" gehöre auch das Gebot: „Liebet eure Feinde". In der That ist es unerklärlich und rational nicht vollziehbar, wenn dies Liebes- Gebot nicht als Wille und Gebot Dessen erkannt ist, der uns zuerst geliebt, 1. Joh. 4, 19, dem wir unmittelbar nichts wieder erweisen können, und der uns auch den unbekannten Nächsten und den Feind als solche zuschickt, welchen wir Liebe erweisen sollen als an Seiner Statt. Nicht aus Liebe zu ihnen, aber aus Liebe zu Ihm können wir es, und nur aus der Liebe zu Ihm. Er versiegelt diese Liebe wie durch Sein Wort so durch den Segen, den er auf sie legt, und den Unsegen da, wo sie verweigert wird. Ohne den persönlichen Gott der Liebe ist diese Forderung sinnlos und unvollziehbar. — Aber

2) auch die Nächstenliebe überhaupt. Das Sittengesetz und die wahrhaft sittliche Liebe wartet nicht erst darauf, ob der, den wir lieben und dem wir Liebe erweisen, sie veranlasst hat und ihrer würdig ist. Vielmehr ist sie immer initiativ von sich aus und erweckt Liebe durch zuvorkommende Liebe. So liebt die Mutter, der Vater, der Bruder, der Freund, so liebt Gott, wenn er ist, durch seine gratia praeveniens. Ja die $\chi\acute{\alpha}\varrho\iota\varsigma$, die gratia, ist ihrem Begriffe nach praeveniens, sonst ist sie nicht $\chi\acute{\alpha}\varrho\iota\varsigma$. Das Reichsgesetz der Liebe ist: „Je mehr Bedürfniss von Liebe und Hilfe, desto mehr Erweisung von Liebe". Gerade die geistig und leiblich Bedürftigsten und Elende- sten, sind die vornehmsten Objecte der rettenden Liebe, ihrer Selbst- losigkeit und Selbstaufopferung. Die Geschichte aller Wohlthätigkeits- Uebung zeigt uns die unerschöpfliche Initiative und Ausdauer dieser Liebe. Wir können sie nur üben aus spontanem Mitgefühle, und mit wirklichem Ausscheiden des blossen „Mitleidens" bei Schopen- hauer, das sich entpuppte als aufgebaut auf unsittlichem Egoismus. Aber sittlich analysirt, wie es die Wissenschaft verlangt, erweist sie sich als eine Stück und als Wirkung der Gottesliebe erst, die den-

9

selben Charakter an sich trägt (Röm. 5, 6). Ohne den lebendigen
Gott der Liebe in uns ist sie undenkbar und irrational. — Endlich
3) muss die Nächstenliebe, wie jede ächte Liebe in ihrer Weise
und ihrem jedesmaligen Objecte gegenüber, absolut sein, d. h. sie
kennt nur die Schranken, die ihr die Kraft und die jedesmalige
Aufgabe zuweist. Würde sie Mass halten nach einem anderen Masse
als dem, welches ihr wieder die Liebe vorschreibt, und würde sie
warten wollen, bis ihr der in sich ihrer Würdige und zuvorkommend
der eignen Liebe entgegentritt, so würde sie nie zum Handeln und
nie zum vollen Handeln kommen, da alle auf alle warten würden.
Das ganze Verhältniss würde absurd, das schöpferische Leben des
sittlichen Handelns von Mann zu Mann aufgehoben. Das tägliche
Leben widerlegt diese Gedankenlosigkeit.

Die absolute Liebe auch zum Nächsten ist nur denk- und
vollziehbar, wenn sie in der absoluten Liebe selber wurzelt, die kraft
ihrer Liebe alles ist, und doch verschieden von allem. Denn
wäre sie identisch mit ihrem Objecte, — also hier mit der Welt, —
so würde sie nach dem oben festgestellten Begriffe der Liebe zurückfallen
müssen in die Selbstliebe des Egoismus, der widerlegt ist. Die sittliche
Ordnung und Lebensbedingung der menschlichen Existenz fordert
die Nächstliebe, fordert sie voll: sie ist unmöglich ohne den weltverschiedenen, persönlichen Gott der Liebe, folglich ist er, und zwar als
die absolute Liebe, so gewiss, wie die Sittlichkeit und wir selbst. —
Auch dies Motiv versagt also, wenn Gott nicht ist.

Eine vierte Möglichkeit ausser den entwickelten dreien giebt
es nicht, die sittliche Welt zu begründen und vollziehbar zu machen,
wenn Gott nicht persönlich und seine heilige Liebe nicht selber in
ihm und mit ihm das lebendige und lebensmächtige Sittengesetz ist.
Das Sittengesetz muss sein, es ist nicht möglich ohne den persönlichen
Gott, folglich ist er.

II. Der religiöse Beweis.

Das Religiöse steht im Principe höher als das Sittliche.
Mein verehrter Herr College Wund weist (Ethik 1. A. S. 93. 6.) mit
Recht darauf hin: „In der überwiegenden Mehrzahl der Fälle scheinen
religiöse Vorstellungen die letzten Quellen zu sein, aus dem die
Sitte geflossen ist". Religion und Sitte ist ein geschwisterliches Paar.

Ausser in den verflachtesten Zeiten (und auch da war es nur scheinbar anders,) sind sie stets Hand in Hand gegangen. Geschichtlich,
offenbarungsgemäss und in der Erfahrung jedes einzelnen Gemüthes
sind sie untrennbar. Es hat nie eine Religion gegeben, ohne eine
ihr entsprechende Sittlichkeit, — das erfährt z. B. China verhängnissvoll
an dem Nihilismus seines von Schopenhauer gepriesenen Buddhais-
mus, — und es war noch nie eine Sittlichkeit, die nicht mehr oder
minder tief in der Religion ihre Wurzel gesucht hätte. Aus dem Wesen
der Religion, wie wir es oben zu bestimmen versuchten, ergiebt sich
das auch mit Nothwendigkeit.

Es wäre daher wunderbar, wenn nicht auch in unserer Frage
ein correlates Verhältniss zwischen beiden sich vorfinden sollte. Gehört doch die Gottesfrage ihrer Natur nach zunächst dem religiösen
Gebiete an. Dennoch musste mit der ethischen Seite begonnen werden. Ein Ethisches ist das Erste, was jeder Mensch erfährt: der
inhaltvolle Selbsterhaltungs-Trieb, der ohne den Selbsterweiterungs-
Trieb nie gedacht werden kann, — der Wille zum befriedigten,
seligen Leben, der innerhalb der Schranken und Gegensätze des Lebens
sich zu behaupten und durchzusetzen sucht. Er — also ein ethisches
Moment — treibt zunächst zur Religion, zur Erlösungs-Gewissheit,
weil dieser Urwille, nur auf sich selbst gestellt, sich nicht zu verwirklichen vermag.

Die Religion taucht also aus dem Ethischen auf als ihrer Heimath. Aber sie wird dann das überragende Princip seiner Realisirung.
Aus ihr schöpft das sittliche Handeln seine höchste und letzte Kraft,
und da die Religion ohne Gott, in irgend welcher Fassung, selbstverständlich nicht gedacht werden kann, so muss auch sie und abschliessend führen auf Gott. So ist es in der That. Nur liegen hier
wegen der unmittelbaren Sphäre, in welcher die Religion athmet, die
Verhältnisse einfacher. Es wird genügen sie anzudeuten.

Die Religion ist, wie erwiesen, ebenso lebensnothwendig wie
die Sittlichkeit. Letztere schöpft sogar ihren eigenthümlichen Charakter und ihre Kraft erst aus der Religion. Aber auch die Religion
ist unvollziehbar ohne den persönlichen Gott, der die absolute Liebe
ist. Denn

1) die Religion ist zwar noch etwas Anderes und mehr, (s. oben
S. 26 ff.) sie umfasst das gesammte Gemüthsleben. Aber jedenfalls ist

9*

sie Verbindung des eigenen Lebens mit Gottes Leben, Gemeinschaft mit Gott, flacher oder tiefer gefasst je nach der Culturstufe des ideal gerichteten Gemüthes. Die einzige, mehr oder minder vollkommene Verbindung von Geist mit Geist aber ist die Liebe. Die Liebe ferner geht, wie oben erörtert, immer nur von Person auf Person. Von einer Verbindung der Seele mit Gott kann folgedem nicht die Rede sein, wenn Gott nicht persönlich ist. Es ist absurd, und niemals wirklich im Leben, wenn gefordert wird, dass eine geistige (religiöse) Verbindung obwalte mit dem „reinen Sein", mit der blinden „absoluten Causalität", „mit der reinen Idee", oder gar mit dem widersinnigen „Ueberseienden", mit dem abstracten Principe aller Theosophie (Theogonie) und allen Pantheismus', die an Gottes Stelle gesetzt werden sollen. Die concrete Menschenseele kann mit einem Gott, der ein blosses Abstractum ist, schon darum nicht ohne Täuschung oder Selbstbetrug in Verbindung treten, weil für den Kundigen dieses Abstractum eben nichts ist, als ein Zustand der eigenen Seele, eine leere Abstraction aus der allein wirklichen Welt. Der phantastische Dichter mag den Frühling apostrophiren, der keine Person ist, oder auch das Universum, welches nicht hört und sieht, — schon die alten Juden und Christen spotten über die Anbetung der Heiden gegenüber ihren todten Götzen und Götzenbildern (εἰδώλοις ἀφώνοις, 1 Cor. 12, 2., τοῖς φύσει μὴ οὖσι θεοῖς, Gal. 4, 8). Und diese εἴδωλα waren doch noch concrete Dinge, und im Hintergrunde ihrer Götzenbilder stand für die religiöse Empfindung das Princip des Gottes, der dargestellt wurde. Hier dagegen wird Sinnloseres verlangt: Abstracta anzubeten, und sie um Erlösung zu bitten oder für empfangene Güter, von denen sie gar nichts wissen, ihnen zu danken. Hier ist es nicht bloss das Ehrlichere sondern auch das sachlich Richtige, einfach zu sagen: „Wir streichen Gott, wir kennen nur noch eine Abstraction, die ihre Wirklichkeit nur hat in der materiellen Welt". Es ist der Wissenschaft unwürdig, noch von einer persönlichen Verbindung (wol sogar amor, wie bei Spinoza) mit diesem „Gott" zu reden. Der Gedanke der Religion selbst ist hier zerstört. — Aber damit

2) selbstverständlich aller Cultus, den die Religion so reichlich und herrlich ausgestaltet hat, und ohne welchen eine historische Religion nicht aufzufinden ist. Von dem innigsten Verkehre der Seele mit ihrem Gotte, vom Gebete kann selbstfolglich nicht mehr die Rede

sein, wenn wir es nicht — fast betrügerisch — der „ungebildeten Phantasie des naiv frommen Gemüthes" zuschieben wollen. Auf dem Standpunkte hier ist dies eine bewusste Unwahrheit, also eine Lüge. Alle Geschichte und die Gegenwart der Welt ist umzukehren; denn aller Cultus für Gott, „der nicht hört und sieht", ist aufzuheben, alle Altäre und Gotteshäuser sind abzubrechen, denn sie sind selbst nur Cultusformen der Frömmigkeit, alle Gottesdienste sind also einzustellen. Der sichere Ruin der Gesellschaft ist dann besiegelt, — und die Anfänge liegen schon vor. Denn der Atheismus, der alle Religion verspottet, ist zwar weit unterwerthig an idealem Gehalte im Vergleich zu jenem heidnischen, neuplatonischen Pantheismus, der Gott zum blossen Abstractum oder mit sogar frommem und wissenschaftlichem Scheine zum „Unbegreiflichen, Undenkbaren, Eigenschaftslosen" macht und entleert. Aber die schliesslich auch practisch hervorbrechende Wirkung ist genau dieselbe, wie bei dem offen und ehrlich sich bekennenden Atheismus: aller Cultus, alle Anbetung, alle Religionsübung hört auf, und dann sicher auch die Religion selbst, und zwar nicht bloss draussen, sondern auch innen. Denn es ist unvernünftig, zu einem Abstractum zu beten, ein Abstractum zu „lieben", einem selber liebe- und gedankenlosen Wesen zu vertrauen. Selbst Schleiermacher, obwol von Plato und Spinoza her Skeptiker bezüglich des Person-Begriffes Gottes, den er noch nicht zu bewältigen vermochte, hat ihn für alles Cultusmässige und Homiletische, insbesondere für das Gebet für unentbehrlich und durchschlagend erklärt (Reden über die Religion, Rede 2. A. 19.) Wir haben oben den unmittelbaren consensus populorum in der Anerkennung Gottes, als persönlich, für wissenschaftlich unzureichend erklärt, weil eine poetisch kindliche, naive Zeitbildung eine blosse Personificirung gemeint haben könnte. Der consensus populorum aber im Cultus, so mannigfaltig er ist, wiegt viel schwerer. Seine Beseitigung — und sie wäre allein consequent und ehrlich, wenn Gott nicht persönlich ist — würde ein Zusammensturz sein, der seines gleichen nicht hat, — er würde die Religion, die Kirche, den Staat, die Gesellschaft unter seinen Trümmern begraben.

Noch kein Volk hat seine Altäre überlebt, und sie fallen selbstverständlich mit dem persönlichen Gott.

3) Aber auch sein Begriff fällt. Nach der Basis, die wir ge-

wonnen, dürfen wir hier in Anselmische Bahnen einlenken. Er fasste
Gott, wenn er ist, als das ens realissimum, als das vollkommenste
Wesen, und gewiss, das muss er sein, wenn auch A. irrte, als er aus
diesem Begriffe schon sein reales Dasein ableiten wollte. Aber
wenn er ist — und alles bisherige führte nun mit wissenschaftlicher
Nothwendigkeit darauf — so kann die Form seines Daseins nicht eine
geringere sein, als die unsrige, die wir nicht Gott sind. Wir aber
sind Personen, Gott hätte also eine geringere Daseinsform als wir,
wenn er nicht gleichfalls Person wäre, und da wir mit ihm zum
höchsten Wesen emporsteigen, absolute Persönlichkeit. Nur
damit ist die volle Basis der Religion gewonnen. Der Gottesbegriff
ist vollendet. Er fordert die Persönlichkeit in dem oben bestimmm-
ten Sinn.

„Person‘ oder „Persönlichkeit“ ist aber selbst noch ein abstracter
Begriff, eine Form des Daseins, noch nicht Inhalt, und noch
nicht ein Inhalt mit wesenhafter Actualität. Nur Inhaltvolles, Actuelles
ist concrete und lebendige Wirklichkeit. Im Zusammenhalt mit allem
vorher Entwickelten ergiebt sich so abschliessend auch hier Gott als
die absolute Liebe, als die höchste, inhaltreichste Actualität, die
in eines Menschen Gedanken kommen kann. Er ist die einzige und
volle Sicherung der Heilsgeschichte, aller Erlösung und Verklärung. Das
Dasein und Sosein Gottes ergiebt sich demnach zugleich.

D. Der Abschluss. — Der Gottesbeweis bei Paulus.

Wir dürfen uns jetzt besinnen, dass unser Ergebniss voll zu-
sammentrifft mit dem offenbarten christlichen Gottesbegriff: ὁ ϑεὸς
ἀγάπη ἐστίν. Aber wir haben es nicht ergriffen durch den biblischen
Auctoritäts-Beweis. Gemäss jeder dogmatischen (wie auch religions-
philosophischen) Aufgabe sind wir von Anfang bis Ende nur gegangen
auf dem Wege innerer, wissenschaftlicher Nothwendigkeit. Wir
haben es im Eingange betont, dass das nicht möglich wäre, nicht
gewagt und durchgeführt werden könnte, ohne die Ausrüstung dazu
durch die positive Offenbarung in Jesu Christo und der ganzen Schrift.
Wir forderten, dass der speculative Theolog, ehe er an die wissen-

schaftliche Gestaltung, Begründung und Entwickelung geht, sie ganz in sich aufgenommen hat. Es ist ein ähnliches Verhältniss, wie wenn wir in der Erkenntniss-Wissenschaft der Principien des Seins, in der Philosophie, von dem, der sie weiterbilden will, fordern, dass er den Erkenntniss-Ertrag der geistigen Arbeit in den vorausgehenden Jahrtausenden in sich aufgenommen hat. Er muss sich mit ihm auseinandergesetzt und mit seinen Schätzen ausgerüstet haben, wenn er sie selber schöpferisch und in seiner Weise weiterzuführen versuchen soll. Das ist übrigens die Lage in jeder Wissenschaft, die weiter führen will, und nicht bloss referirt. Warum in der Religion die historische Person Jesu Christi die ihm zuerkannte specifische Stellung zukommt, das nachzuweisen ist Sache der Trinitätslehre, die aus Gott als der absoluten Liebe von selbst hervorwächst, und dann auf Basis deren wie der geschichtlichen Erscheinung Jesu Christi, Sache der Christologie. Aber wir haben in der ganzen Entwickelung, die eine dogmatische sein will, uns nirgends gestützt auf blosse Bibelstellen oder äussere Bezeugung, sondern nur auf die Sache und auf die in ihr liegende Beweiskraft. Gingen die ganze Schrift und die mit ihr stimmenden Symbole der Kirche verloren, so würde dennoch die Sache feststehen, wenn sie dialectisch richtig entwickelt war. Im Gegenfalle würde von einer speculativen Wissenschaft, heisse sie Theologie oder Philosophie, nicht die Rede sein. Sie ist aber da, muss und wird stets dasein. Mögen Andere anders empfinden und urtheilen — und gewiss sind das in so schwieriger Sache Viele —: ich selbst bekenne, dass ich in den Beweisgängen, von dem Einzelnen abgesehen, mich völlig gebunden finde. Ich würde für eine eingehende Widerlegung aufrichtigst dankbar sein: aber wie mir die Sache jetzt und seit vielen Jahren liegt, würde mir ein Zweifel an der Gewissheit über Gottes Dasein und Persönlichkeit nicht bloss eine Störung meines frommen Bewusstseins, sondern ein Opfer des Intellectes, eine wissenschaftliche Unmöglichkeit sein, auch wenn ich anders wollte[1]). Nur zwei Dinge haben mich eine Zeit lang beunruhigt: sie mögen deshalb am Schluss in der Kürze berührt sein: es war das einmal der Einwand, dass

---

[1]) Die Bedenken von dem seit Langem mir befreundeten D. Rade vor längerer Zeit in der „Christlichen Welt" habe ich seiner Zeit sorgfältig nachgeprüft, sie haben mich aber nicht überzeugt.

ethische (praktische) Beweise, hier überwiegend verwandt, nicht ge-
eignet sind, den dialectischen Nachweis für eine religiöse (dogmatische)
Wahrheit zu erbringen, und dann das Befremden, dass in den auch
dialectisch tiefen Gedankenzügen der Schrift, namentlich des Paulus,
der von mir eingeschlagene Beweisweg zu fehlen scheint. Beide
Einwände würden die Sache nicht gefährden können, wenn sie richtig
ist, aber sie beunruhigten mich doch, und werden auch jetzt noch
Anderen nicht fremd sein.

1.

Der erste, formelle Einwand: „Ethische Beweise sind in der
Dogmatik nicht anwendbar," ist schon von dem sinnigen Schöberlein
aufgestellt, namentlich in Reuter's Repertorium 1847, H. 10, aber auf-
fallender Weise ohne Begründung. Nur die Schwierigkeit der Unterscheidung und des Auseinanderreissens von Dogmatik und Ethik, der
Wissenschaft von der Erlösung und der Wissenschaft von der durch
die Erlösung gewonnenen Freiheit, die auch Schleiermacher und
wieder Frank beschäftigt hat, scheint der Anlass zu sein. Der Einwand ist aber so wenig richtig, dass umgekehrt der Fortschritt von
den bloss physischen und logischen Beweisen zu ethischen in ethisch-
religiöser Sache, m. E. erst die Vollendung der ganzen Gedanken-
bewegung in sich trägt. Es ist das unsterbliche Verdienst Kant's, dass er
statt der bloss theoretischen Beweise, deren Unrichtigkeit oder doch
Unzureichenheit er erkannt, wenn auch zum Theile aus falschen
Gründen, die praktischen Beweise in die speculative Wissenschaft
eingeführt hat. Er gewinnt nur von da aus Gott und die Unsterblichkeit, und im Grunde auch die Freiheit, — also die drei Begriffe,
die ihm mit Recht zu den cardinalen zu gehören scheinen. Die Nachfolge ist noch nicht eben gross. Aber K. verdirbt selber seinen richtigen
Gedanken dadurch, dass die von ihm verwendete Disharmonie zwischen
dem Glückseligkeits- und Sittlichkeits-Triebe und die Nothwendigkeit
ihrer Auflösung in Harmonie sofort veräusserlicht und zurückgelenkt
wird in die alten Wege des teleologischen Beweises. Bei K. ist
dies vollkommen begreiflich. Denn da ihm Moral-Gesetz und Pflicht
autonom sind und sich durch eigene Kraft vollziehen sollen, so
kann er gar nicht hinein in die inneren Motive des Ethischen und
ihre unlösliche Verbundenheit mit den religiösen. Seine angeblich

sittlichen, thatsächlich aber physicoteleologischen Beweise werden
daher als blosse „Postulate" der praktischen Vernunft hingestellt. Er
unterscheidet sie sogar als minder beweiskräftig von den theoretischen.[1])
Aber die Metaphysik, deren keine Wissenschaft entbehren kann, ist
die reale auf die Principien oder Gesetze gerichtete Abstraction aus
der Wirklichkeit des Universums, die Logik die formale, normativ
für das Denken hingestellte Abstraction aus der allein realen Metaphysik, die Aesthetik die wissenschaftliche Normgebung für das
Schöne und die Psychologie die wissenschaftliche Abstraction aus
dem gesetzmässigen Geschehen im Seelenleben. Alle vier gipfeln im
Ethischen. Die Wirklichkeit des Psychologischen insonderheit ist
stets das Ethisch-Religiöse, es ist sein Inhalt. Ohne dieses kann
daher kein theoretischer, das wirkliche Leben des Geistes treffender
Beweis geführt werden. Der ethisch-religiöse Beweis ist auch
theoretisch der höchste und zuverlässigste. Er steigt empor aus dem,
was unser Centrum und unsere wahre Wirklichkeit ist, und nicht
bloss die unsere. Es ist m. E. der Grundfehler der bisherigen
Beweise, dass sie ihren Ausgang vom Physischen und Logischen
nahmen. Von diesen aus kann man nicht zum Persönlichen kommen.
Das ist auch der Grund, weshalb die Schrift, die stets aus dem
Leben schöpft und abzielt auf das Leben, keine bloss logischen oder
psychologischen Beweisführungen kennt. Sie kennt nur ethisch-religiöse. Die sog. Trichotomie des ἄνθρωπος πνευματικός, ψυχικός, σαρκικὸς
oder gar σαρκινός, 1 Cor. 2, 13—15., 3, 3., die Dreiheit νοῦς oder
πνεῦμα, ψυχή, σάρξ (1. Thess. 5, 23.), sind in der Schrift — und auch
kaum anders bei ihrem Vater, Plato, — niemals bloss psychologische
Instanzen, sondern ethische. Eine „biblische Psychologie" giebt es
nicht, ausser durch übrigens berechtigte logicale Deduction, es giebt
nur biblische Ethik und Religion. Ihre Grundbegriffe ζωή und ἁμαρτία
sind ethische. Ihre stets heilspraktischen Beweisführungen sind deshalb

---

[1]) „Kritik der praktischen Vernunft" S. 243: „Unter einem „Postulat" ver-
stehe ich einen theoretischen, als solchen aber nicht erweislichen Satz,
sofern er einem a priori unbedingt geltenden praktischen Gesetze unzertrennlich
anhängt." — Was „unbedingt gilt," kann nie bloss „anhängen." Und für die
Wissenschaft ist „Widerspruch" Widerspruch und dialectisch zu heben, gleich-
viel, ob er metaphysisch oder logisch oder ethisch ist. Das Ethische muss sich
dialectisch genau ebenso begründen wie alles Uebrige, und thut es.

immer die durch das Leben selbst gesichertesten und massgebenden, nicht die bloss „theoretischen." Und das sind sie überhaupt.[1]

2.

Wir haben oben bemerkt, dass in der Schrift kein direkter Beweis für Gottes persönliches Dasein aufgestellt wird. Sie dient dem jedesmaligen Heilsbedürfnisse, und ihre Zeit hatte das Bedürfniss der Erledigung dieser Frage noch nicht. Ihre bejahende Antwort stand naiv der Frömmigkeit fest. Dennoch wäre es wunderbar, wenn nicht die Substanz der Sache wenigstens auch in der Schrift vorhanden wäre. Und mit Erstaunen bemerken wir, nachdem der Gedankenzug obiger Beweisführung gefunden ist, dass genau derselbe Beweis in der Grundlage des Apostel Paulus „von der Rechtfertigung allein aus dem Glauben" niedergelegt und eingehüllt ist. Mit einem kurzen Nachweise hiervon dürfen wir schliessen.

Der tiefste Hebel für die Gewissheit des Apostels, dass weder Seligkeit noch Sittlichkeit, also weder Religion noch Ethos, aus dem Gesetze kommen kann, setzt damit ein, dass das Gesetz, der νόμος, obwohl sein Inhalt göttlich ist und wahr (Röm. 7, 13.) und in seiner Substanz verbindlich für alle, an sich nur Sünde und Tod bringt, weil es an sich kalt ist und todt, wohl seine Forderungen stellt, aber die Kraft zu ihrer Erfüllung nicht zu geben vermag. Fremd steht es dem Menschen gegenüber, ihm unterwerthig in der Daseinsform — denn er ist Person, das Gesetz todter Buchstabe, — ein Despot, der fordert und droht (Gal. 3, 10—13), aber weder Liebe hat, noch giebt, noch weckt. Fremd und kalte Despotie, die ohne erwiesenes Recht in die Freiheit des Menschen einbricht, ruft es, wie Alles was fremd

---

1) Freilich wissenschaftliche Verflachungen sind auch hierbei ausgeschlossen, wie sie der Rath von Peter Lange (philos. Dogmatik S. 222) enthält: „Fricke hätte es sich bequemer machen können, wenn er das Gesetz der allgemeinen Liebe unmittelbar auf Gott bezogen hätte." Allerdings! Aber dann wäre das vorausgesetzt, was bewiesen werden soll. — Wenn aber selbst Hase (Hutterus redivivus §. 56. A. 5.) sagt: „die liebevolle Wechselwirkung der Menschen unter einander erklärt sich (auch ohne Gott) aus dem Bedürfnisse der Ergänzung jedes Einzelnen", — so ist das wahr, aber damit ist der Egoismus zum Principe der Liebe gemacht, und dieser — unverstanden von Hase — ausdrücklich widerlegt durch den apagogischen Beweis I. 2. — Pointen versehen sich immer schwer. Und doch sind sie bei jedem Verständnisse die Hauptsache.

ist und todt, den Gegensatz des lebendigen Ich hervor, und da der Inhalt des Gesetzes göttlich und berechtigt ist, erweckt es die Sünde, und die Sünde den Tod (Röm. 6, 23. 7, 7). Denn die Sünde ist die durch den freien Act einer Selbstverschuldung herbeigeführte Disharmonie mit sich selbst, mit der eigensten inneren Natur, — mit dem Gesetze, das von Gott ist, und darum mit Gott selbst, dem Quell alles Lebens, und — ist er verloren — alles Todes. Selbst in dem Wiedergeborenen, soweit er noch nicht wiedergeboren ist, ruft es fortwährend und — nach der Natur von Mensch und Gesetz — nothwendig, einen inneren Kampf hervor, den es heraufführen muss, aber nicht zu begleichen vermag. Denn dieser Wiedergeborene ist das Subject der ergreifenden Darstellung von dem doppelten Gesetze und seinem Kampfe in unseren Gliedern Röm..7, 13—25. Die Kraft der Sünde ist darum das Gesetz, ἡ δύναμις τῆς ἁμαρτίας ὁ νόμος, 1. Cor. 15, 56. Das Gesetz, welches gegen die Sünde gegeben ist, (τῶν παραβάσεων χάριν Gal. 3, 19), bringt sie, es ist nur der Eindämmer der Sünden durch äussere Gewalt und disciplinarische Dressur bis ein höheres, ein wirklich sittliches Princip hindurchbricht; so wird es der παιδαγωγὸς εἰς Χριστὸν (Gal. 3, 24), der Zuchtmeister, bis das neue Lebensprincip, Christus, kommt (nicht: auf ihn hin!). Aber es ist nicht im Stande, den durch Gewalt und Dressur nur desto furchtbarer losbrechenden Sündensturm durch sich selbst zu bewältigen.

So Paulus. Das Leben des Ganzen und jedes Einzelnen bestätigt diesen Process. Selbst das grösste Kunstwerk des Gesetzes, der Staat, kommt mit seinem blossen „Gesetze" nicht aus. Er braucht höhere, sittlich-religiöse Mächte. Und die Gesetzes-Kirche, die ins A. T. zurückgefallen ist, kommt trotz Dressur und Beichtstuhl-Disciplin nicht aus, sie wird laut der Geschichte aller Zeiten, einschliesslich der Gegenwart, wider Willen der eigentliche Heerd der Revolutionen, der Anarchie und Zuchtlosigkeit. Nur die Freiheit und dann auch die Freiheit vom blossen Gesetze, schafft Gesetzlichkeit. Das ist der leitende Gedanke des Paulus in seinem Gegensatze gegen das Gesetz[1]).

Aber dazu kommt ein Anderes, wäre es möglich, noch Entscheidenderes. Das Gesetz verheisst Lohn für seine Befolgung, und

---

1) Ich kann mit Grafe und seinen Exceptionen gegen Pauli Stellung zum Gesetze durchaus nicht in allen Bezügen übereinstimmen.

droht mit Strafe für seine Verletzung. Dessen sich bewusst, dass
es durch sich selbst die Kraft zu seiner Erfüllung nicht geben kann,
ist es unlöslich verknüpft mit der Verdienst-Theorie, und (da das
Gesetz von Gott ist,) mit der Verdienst-Theorie auch Gott gegenüber.
Es verflacht und entleert das Verhältniss zu Gott, es führt von ihm
ab. Es entkleidet ihn seiner Souveränität, seines Majestäts-Vorrechtes,
so gewiss er Gott ist, überall und in Allem, im äusseren und inneren
Leben, der Erste und der Letzte zu sein. Nicht dem Gesetze wird
durch das Gesetz diese Gott geraubte Würde zugewiesen, — denn es
hat überhaupt keine eigene sittliche Existenz, — sondern dem Menschen und seinem Selbstverdienste. Er wird halbirt zwischen dem
relativ auf sich selbst gestellten Ich und Gott, dem Geber des Gesetzes. Das ganze Judenthum mit seinem Gesetze ist so semipelagia-
nischer Dualismus zwischen Gott und Mensch, und erscheint überall
so auch im Christenthum, wenn es in ihm und durch dasselbe nicht
überwunden ist. Denn das Christenthum ist umgekehrt ethisch-re-
ligiöser Monismus: Gott allein ist sein Heilsprincip, — die sola
gratia — εἷς θεός, Gal. 2, 20., das „Wollen und Vollbringen", Phil. 2, 12.

Mit diesem Dualismus des Gesetzeswesen geht also verloren
1) die Majestät des Gottes selbst, der christliche Gottesgedanke, — er
muss seine Würde theilen mit allen, die „Verdienst" sich erwerben,
— daher nach Obigem der Marien- und Heiligendienst und die
Theorie des Werke-Verdienstes in der (judaisirenden) kathol. Kirche,
sogar bis zur Frivolität der „überschüssigen Werke", der opera super-
erogationis, und der angeblichen, unqualificirbaren „Unfehlbarkeit"
eines sündigen Menschen; — es geht 2) verloren die Gewissheit der
Sicherheit des Heiles, — ihr Bewusstsein hat, auch aus hierarchischen
Gründen, das (judaisirende) Tridentinum sogar ausdrücklich mit dem
anathema belegt, — denn wer sich ganz oder halb nur auf sich selbst
und auf das eigene angebliche „Verdienst" stellt, kann allerdings niemals zur Gewissheit seines Heiles gelangen, er ist seiner selber nicht
sicher und bleibt in der Gewalt des Clerus. Die Heilsgewissheit kann
nur ruhen in der nie versagenden Lebenstiefe der absoluten Liebe,
vgl. den Triumph Pauli Röm. 7, 25. 8, 31—39; — es geht verloren
3) die Vollkommenheit, die ganze Lebenstiefe des Göttlichen und
Sittlichen im Menschen; denn sie kann nur gewonnen werden in der
vollen, freien und inneren Gemeinschaft mit dem Höchsten, mit Gott,

sie kann nie gewonnen werden in der Halbirung zwischen sich und Gott, und Gott ist der einzige, der obgleich ein Anderer als wir — denn es steht Person gegenüber Person — dennoch ganz und voll die Fülle seines göttlichen Wesens (für den Christen in Christo) in uns ausschütten will, weil er die Liebe ist, und dadurch die Innerlichkeit und Freiheit in einer Weise aufschliesst, wie es überall auch im sonstigen Leben allein die Liebe kann.

Diese innere, freie Aneignung Gottes und der Erlösung, das freie Ergreifen des Heils, das apprehendere salutem, ist der Glaube, die πίστις des Paulus, — seine sola fides, — ruhend nach Dasein und Inhalt ganz nur auf der zuvorkommenden göttlichen Gnade, also ohne Verdienst Gott gegenüber, und doch ganz unser Innenbesitz, unsere freie That auf Grund der Gottesthat: die Vermählung der freiesten, tiefsten Innerlichkeit mit Gott, mit dem höchsten Principe des Lebens und der Seligkeit nach Inhalt und Kraft, — die tiefste Subjectivität, das Vergebung der Sünden und Erlösung von allem Uebel ersehnende Gemüth, vermählt mit der höchsten Objectivität, mit dem Gotte der Liebe, der in Christo ein Vater über Alles ist, was Kinder heisst im Himmel und auf Erden!

Das ist, nur dogmatisch entwickelt, der Paulinismus und — der Protestantismus! — Wir können getrost die Geschichte der Geisterwelt herausfordern, uns an Lebensmacht und Gehalt, an Consequenz und Klarheit ein Höheres oder auch nur Gleiches aufzuzeigen! Wie der Inhalt der Sache liegt, ist weder Noth noch Aussicht, über dieses Princip hinauszukommen. Wir können es — gewiss — im Einzelnen entwickeln und auch fortbilden. Aber auch theologisch ist das Princip in dem verstandenen Paulus voll da, das uns die Herrlichkeit der Worte, des Lebens und des Sterbens Christi verständlich macht und uns aneignen lässt. Es ist die pneumatologische Weltanschauung.

Aber zugleich muss auch das klar sein, dass diese specifischen Gedanken ganz ruhen auf derselben Weltanschauung und Beweisführung, die wir oben entwickelt haben. Die Argumentation unter C. I. 1. widerlegte, dass die Sittlichkeit auf das todte Gesetz begründet werden könne, und forderte dessen Persönlichkeit; die Argumentation C. II. 1. und 2. trat denselben Beweis an für die Religion. Paulus setzt mit denselben Gründen an die Stelle des unpersönlichen νόμος, die lebendige, persönliche χάρις, die aseitas der

Liebe, die allein in sich selbst gründende ἀγάπη, sie ist in ihrer Vollkommenheit identisch mit dem persönlichen Gott. Gal. 2, 21. (ähnlich Joh. 5, 17.) werden νόμος und χάρις ausdrücklich als die sich ausschliessenden Gegensätze, als oppositio contradictoria, neben einander gestellt: der Mosaismus, das abzuthuende, lebens- und heilswidrige Gesetzeswesen, νόμος, das Christenthum die χάρις, des ewigen persönlichen Gottes der Liebe, χάρις ἀντὶ χάριτος, Joh. 1, 16. Ersteres die ἀπώλεια, die zeitliche und die ewige, Letzteres die σωτηρία zeitlich und ewig. Sie muss sein können, so gewiss der Mensch kein Selbstwiderspruch ist, sie kann nur sein, wenn das höchste Wesen χάρις, also persönlich ist. Dasein und Sosein fallen auch hier ineinander.

2. Cor. 3, 6 sagt Paulus: Τὸ γράμμα ἀποκτίνει, τὸ δὲ πνεῦμα ζωοποιεῖ: „der Buchstabe tödtet, der Geist macht lebendig", — das Gesetz ist Buchstabe, es tödtet sich und uns und Gott in uns. Nur der lebendige, persönliche Gott, der Geist ist, kann das Leben uns schaffen, das unserer innersten Seele Denken und Sehnsucht ist. Mit Ihm — das hat sich gezeigt — versinken wir selbst.

Der Atheismus ist mir nicht bloss Irreligiosität, sondern Gedankenlosigkeit.